Andre Gava

Éducation physique pour les jeunes et les adultes

Andre Gava

Éducation physique pour les jeunes et les adultes

Étude de terrain dans une école publique de la municipalité de Rio de Janeiro (RJ)

ScienciaScripts

Imprint

Any brand names and product names mentioned in this book are subject to trademark, brand or patent protection and are trademarks or registered trademarks of their respective holders. The use of brand names, product names, common names, trade names, product descriptions etc. even without a particular marking in this work is in no way to be construed to mean that such names may be regarded as unrestricted in respect of trademark and brand protection legislation and could thus be used by anyone.

Cover image: www.ingimage.com

This book is a translation from the original published under ISBN 978-613-9-61591-9.

Publisher:
Sciencia Scripts
is a trademark of
Dodo Books Indian Ocean Ltd. and OmniScriptum S.R.L publishing group

120 High Road, East Finchley, London, N2 9ED, United Kingdom
Str. Armeneasca 28/1, office 1, Chisinau MD-2012, Republic of Moldova, Europe
Printed at: see last page
ISBN: 978-620-7-23668-8

INDICE

PRÉSENTATION

Ce livre est né de ma préoccupation pour les questions qui me *préoccupent* dans le domaine de l'éducation physique (EP) à l'école, et plus particulièrement de l'éducation physique (EP) pour l'éducation des jeunes et des adultes (EJA). Ma préoccupation initiale m'a amené à commencer mon master et à travailler jusqu'à l'élaboration de ce livre, en me concentrant toujours sur l'EP/YA. Pour ce livre, j'ai donc effectué des recherches bibliographiques et ethnographiques qui m'ont permis d'aborder certaines questions centrales : 1) Pourquoi le mouvement est-il si limité dans l'EP pour les jeunes et les adultes ? 2) Selon les organismes qui régissent l'éducation, les cours d'éducation physique - et j'inclus le segment EJA dans ce contexte - semblent être liés *à l'*utilité sociale de leur contenu. 3) Certains auteurs académiques dans le domaine de l'EP condamnent le sport en tant que matière scolaire, en affirmant qu'il est source d'exclusion et qu'il constitue un exemple négatif pour la société. Le sport ne pourrait-il pas être abordé différemment, sur le plan éducatif, dans les écoles nationales ?

Pour répondre à la question (1), j'ai d'abord cherché de l'aide auprès d'auteurs qui ont étudié les origines de l'éducation physique : Oliveira (2004) et Castellani Filho (2010). En me basant sur leurs études, j'ai identifié des traits qui m'aideraient à trouver l'identité de l'EP. Je suis arrivé à la conclusion que sa principale caractéristique était/est le MOUVEMENT. Mais pourquoi refuser le mouvement aux classes d'EJA ? J'ai identifié qu'au milieu de l'histoire de l'éducation physique, il y a eu, plus précisément dans la période de re-démocratisation nationale (années 1980), un groupe qui s'est appelé Pensamento Pedagogico Renovador da Educacao Fisica (PPREF) qui est devenu hégémonique, et continue à l'être, en assumant le pouvoir avec le discours selon lequel l'EP jusqu'alors, représentée par la période militaire, était excluante - en effet, elle l'était - et qu'elle devait subir des changements qui la revaloriseraient à l'école et la signifieraient comme une discipline avec un ensemble de contenus qui étaient valables pour la société. C'est ainsi que cette pensée s'est implantée dans le monde académique et a fait son chemin dans les écoles, en

2

proposant la pédagogisation des contenus de l'EP, en l'associant à notre culture corporelle du mouvement, et en faisant de la salle de classe un lieu commun pour les cours d'EP, un fait qui, surtout en EP/YAE, s'est produit, enlevant le MOUVEMENT et gardant les étudiants *coincés dans la salle de classe.*

J'ai utilisé les expressions " discours " et " hégémonie " ci-dessus, des figures de style qui ont été importantes dans ma formation académique lors de mon master et qui sont associées à Ernesto Laclau, un auteur proche du post-marxisme et du post-structuralisme que j'ai approché théoriquement pour tenter de comprendre la montée au pouvoir du PPREF - ainsi que son maintien. A travers l'auteur, je comprends que le jeu des articulations politiques est essentiel pour atteindre ou maintenir l'hégémonie. Selon Laclau (2000, 2001, 2011, 2013), le processus de construction hégémonique se fait à travers l'articulation des " différences ". Différents groupes, avec différentes "demandes", s'identifient à un objectif commun et choisissent ensuite une "différence particulière" pour assumer la représentation d'une "totalité", en soulignant qu'il s'agit toujours d'un processus précaire et provisoire.

En essayant de comprendre comment le pouvoir est maintenu par la politique, je suis tombé sur un autre auteur important : Stephen Ball. Il rapporte dans Ball (1998, 2001, 2002, 2004, 2005) que dans les années 1980 - coïncidence avec la période où le PPREF est devenu hégémonique - il y a eu une période de changement, de "réformes éducatives", qui a apporté une nouvelle perspective à l'éducation globale avec l'introduction des valeurs d'une culture néolibérale. En d'autres termes, des valeurs visant à maximiser les performances scolaires à mesurer/contrôler par des "technologies politiques" (managérialisme et performativité), qui utilisent le programme scolaire et les évaluations externes comme mécanismes de contrôle. À mon avis, le PPREF a tiré parti de ce que Ball appelle les "politiques d'apprentissage" - des politiques publiques développées à l'échelle mondiale qui visent à créer des partenariats public-privé afin de tirer profit du nouveau marché : L'éducation - et a renforcé son discours par le biais, dans le cas de l'EP/YA, d'instruments (matériel pédagogique, cours de formation des enseignants, entre autres) dérivés de ces politiques éducatives vendues au secteur public.

3

En ce qui concerne la question (2), j'ai trouvé des auteurs qui soulèvent une discussion qui est malheureusement encore peu développée dans le domaine de l'éducation physique à l'école. Il s'agit de l'éducation par l'esthétique - en notant que le terme **esthétique prend le sens de** plaisir, de joie. Hermann (2005) et Lovisolo (1997) m'ont aidé dans l'une des discussions centrales de cette étude, qui est la perte par l'EP de l'action, de l'apprentissage par le mouvement, et, plus encore, ils ont apporté une autre proposition d'éducation pour l'EP - pour le plaisir -, qui à son tour n'exclut pas le discours socialement utile du PPREF, mais qui peut coexister avec lui dans une formation plurielle et démocratique, en évitant ce que j'appellerai les *excès pédagogiques*. Ainsi, Herman (2005) discute des normes de l'éducation moderne, construites sur les piliers de l'éthique et de la morale, qui à leur tour oppriment l'esthétique, l'éducation au plaisir, et Lovisolo (1997), suite à la question de l'éducation à l'esthétique, met en évidence le "langage du goût". Selon lui, il s'agit d'un langage qui encourage les gens à faire des choses/apprendre pour le plaisir, pour le simple plaisir de faire une certaine activité. Avec l'aide de l'auteur, j'ai essayé de mettre en évidence l'importance de l'Education Physique Esthétique dans la lutte pour la "revalorisation de l'école"

En ce qui concerne la question (3), en tant que sportif, j'ai critiqué le discours du PPREF contre le sport à l'école. Selon les auteurs du PPREF, pour être considéré comme un contenu scolaire, le sport doit être transformé en *sport pédagogisé* - avec des discussions éthiques/morales en classe et, en pratique, en supprimant l'élément compétitif pour le remplacer par la coopération. J'essaie de montrer que le sport ne doit pas nécessairement agir de cette manière à l'école, que le sport peut être éducatif grâce à l'engagement des enseignants. Pour ce faire, je me suis à nouveau appuyée sur Lovisolo (1997) et Macedo, F. (2008, 2014), des auteurs importants en termes de discussions binaristes sur le sport scolaire (coopération vs. compétition).

En m'appuyant sur ces auteurs, je propose de montrer que le sport, indéniablement présent dans la société brésilienne, et donc dans le milieu scolaire, lorsqu'il est traité de manière positive et responsable - il ne s'agit pas d'un " désinvestissement pédagogique " (SILVA ; BRACHT, 2012) - a toutes les conditions pour collaborer,

4

dans un environnement pluriel, à la formation de différentes matières.

Enfin, il convient de souligner la recherche ethnographique menée dans le cadre de cet ouvrage. Toutes les discussions théoriques proposées dans le livre ont été enrichies par la recherche sur le terrain. De plus, les observations de la vie quotidienne à l'école, ainsi que les enquêtes par le biais d'entretiens, ont soulevé de nouvelles questions, suivies de nouvelles recherches bibliographiques pour tenter d'y répondre. Ainsi, je décris la recherche sur le terrain comme étant entrelacée avec la recherche bibliographique, dans laquelle une méthodologie complète l'autre. Je suis d'accord avec Tosta et ses collègues (2008, p.1) lorsqu'ils décrivent l'ethnographie comme suit :

> [...] l'ethnographie est une dimension constitutive de la science anthropologique dans son parcours historique et la délimitation de son statut théorique, et ne peut être comprise simplement comme un ensemble de techniques qualitatives et utilisée isolément de son origine épistémologique.

Tous les efforts que j'ai déployés dans le cadre de cette recherche qualitative, loin d'être destinés à fournir des données qui prouveraient une réalité - en les transformant en vérités - visaient à renforcer et à problématiser davantage les trois discussions centrales que je présente dans le livre et que j'ai exposées plus haut. Cette recherche s'est déroulée dans une école publique de Rio de Janeiro, une unité scolaire dédiée uniquement à l'éducation des jeunes et des adultes, où j'ai observé des cours d'éducation physique pendant deux mois pour une classe particulière. Outre les observations faites pendant les cours, la recherche a également inclus des dialogues informels avec les personnes impliquées dans l'acte éducatif (enseignants, personnel, élèves, direction de l'école), la participation à des événements scolaires tels que le tournoi de futsal et le conseil de classe, ainsi que des entretiens avec certaines de ces personnes (directeur de l'école, élèves, professeur d'éducation physique).

J'espère sincèrement que les débats qui s'y déroulent vous amèneront à réfléchir. Bonne lecture.

CHAPITRE 1 : LES ORIGINES DE L'EDUCATION PHYSIQUE SCOLAIRE ET LA CONSTRUCTION DE SON IDENTITE

Des Jésuites au Nouvel État

On peut dire que les origines de l'éducation physique (EP) et de l'éducation physique à l'école (EPS) au Brésil ont commencé avec le travail de catéchisation des Jésuites. Selon Oliveira (2004), la conversion des Indiens au catholicisme, qui a complètement changé leurs habitudes culturelles, consistait, l'après-midi, à pratiquer "des exercices physiques, comme une manière de relâcher les tensions qui leur étaient imposées" (p.23).

Après l'expérience de contrôle des Jésuites, dans laquelle la pratique de l'exercice physique était un moyen de *déstresser les* indigènes, certaines tentatives ont été faites pendant la période impériale pour organiser le *système éducatif* naissant en vigueur, qui à l'époque s'adressait exclusivement à la noblesse ou aux enfants de l'élite agraire du régime impérial. Ainsi, le Gymnase national (Colegio Pedro II), créé en 1837, "incluait la gymnastique dans ses programmes" (Oliveira, 2004, p.24).

En 1851, une loi rend la gymnastique obligatoire dans les écoles primaires de la ville de Rio de Janeiro. A cette époque, fin de l'Empire brésilien, la recommandation est d'utiliser la méthode de gymnastique allemande, déjà adoptée par l'armée. Elle est rapidement introduite dans les écoles et provoque des réactions "de la part de ceux qui considèrent l'éducation physique comme un élément de l'éducation, et non comme un simple instrument d'entraînement physique" (Oliveira, 2004, p.24).

Loin d'avoir une quelconque signification pédagogique, la pratique de la gymnastique dans les établissements d'enseignement de l'époque a été influencée par les militaires, suivant leur modèle et la nécessité de former des jeunes hommes capables de défendre leur pays. Cependant, elle a reçu de nombreuses critiques de la part de groupes importants de la société de l'époque - comme l'Église catholique - qui lui reprochaient de ne pas correspondre au sexe féminin. À l'époque, l'idée d'une gymnastique pour les filles était inacceptable.

Dans le discours de l'élite dirigeante - la noblesse impériale et les aristocrates propriétaires d'esclaves - se pose la question de la dualité du corps et de l'esprit. Dans ce discours, les distinctions prédominaient entre les fonctions de l'élite et de ses enfants - ceux qui fréquentaient les rares écoles de l'époque - prêts à un travail intellectuel (nécessitant le développement de l'esprit) et les fonctions des classes subalternes, représentées par les marchands, les esclaves et autres, destinées au travail manuel (nécessitant le développement du corps).

Au fil des années, de nouveaux rapports sociaux sont apparus dans le Brésil impérial et la bourgeoisie s'est renforcée, suivant les idéaux positivistes des pays européens - en particulier de l'Angleterre - qui ont grandement influencé ce qui se passait dans le pays. Pour s'inscrire dans la modernité positiviste, le Brésil doit promouvoir des changements sociaux, dont l'un est la fin de l'esclavage. Des changements qui allaient affecter la façon d'agir et de penser de la société, faisant émerger une nouvelle élite bourgeoise, soutenue par les militaires et les aristocrates qui n'avaient plus d'esclaves pour travailler pour eux.

L'un des représentants de ce changement est Rui Barbosa, qui, dans ses avis de 1882 sur la réforme de l'enseignement de Leoncio de Carvalho (1879), a rédigé un *court traité* sur l'éducation physique. À une époque où le professeur d'éducation physique portait une veste et une cravate et enseignait dans une salle de classe, ses opinions et recommandations semblaient révolutionnaires et modernes. Ci-dessous, en me basant sur Oliveira (2004, p.25), je souligne certaines de ces recommandations :

a) L'éducation physique obligatoire dans les jardins d'enfants et les écoles primaires et secondaires, en tant que sujet d'étude à d'autres moments que la récréation et après l'école ;

b) Distinguer les exercices physiques pour les élèves de sexe masculin (gymnastique suédoise) et pour les élèves de sexe féminin (gymnastique suédoise) ;

c) Exercice physique au moins quatre fois par semaine, pendant 30 minutes, sans acrobaties ;

d) Valorisation du professeur d'éducation physique, en lui accordant la parité en matière de droits et de salaires, de rang et d'autorité avec les autres enseignants ;

e) Recrutement de professeurs d'éducation physique aux compétences reconnues en Suède, en Saxe et en Suisse ;

f) Mise en place d'un cours d'urgence dans chaque école normale pour permettre aux instituteurs actuels d'enseigner la gymnastique.

Face à la puissance de cette nouvelle élite, les changements ne tardent pas à se mettre en place. Le Brésil a mis fin à l'esclavage en 1888 et est devenu une république en 1889. Au cours de cette période, le tournant du siècle, Oliveira (2004) souligne les transformations de la société brésilienne et met en évidence certains événements importants en ce qui concerne la pratique de l'exercice physique/sportif. À cette époque de transition, l'auteur cite certains facteurs qui ont joué un rôle important dans l'attention portée à l'éducation physique : la présence de nombreux jeunes dans les grandes villes, l'imminence de la sédentarisation causée par les changements dans les moyens de transport et l'influence de l'immigration. C'est sous l'influence des immigrants, par exemple, que le football est arrivé au Brésil (en provenance d'Angleterre en 1894), qu'il est rapidement devenu populaire et qu'il a atteint les classes inférieures. Outre le football, d'autres formes de sport - comme la natation (1896) et le basket-ball (1898) - ont également été introduites par des influences extérieures, telles que l'Europe et les États-Unis. En 1908, la première académie de gymnastique, dont on parle tant aujourd'hui, a vu le jour à Rio de Janeiro.

L'éducation physique est sous les feux de la rampe et devient sans aucun doute un point d'appui fondamental pour le maintien du pouvoir de la nouvelle élite brésilienne. Pendant la Première République, les influences de la médecine militaire et hygiéniste sur les pratiques d'éducation physique sont évidentes. D'un point de vue militaire, avec le discours positiviste de l'**ORDRE ET DU PROGRÈS, il était** nécessaire de former des citoyens forts, sains, organiquement harmonieux qui feraient prospérer le pays. Du point de vue de la médecine sociale hygiéniste, il est également nécessaire d'assurer la santé du corps. En considérant l'institution familiale, les médecins hygiénistes sont indispensables pour améliorer le corps social et le maintenir dans un état de santé permanent.

Grâce aux militaires et aux médecins respectés, "les normes de conduite physique, morale et intellectuelle de la "nouvelle" famille brésilienne" ont été établies (Castellani Filho, 2010, p.30). En d'autres termes, il était nécessaire de surmonter le retard de la structure familiale de la période coloniale, qui a laissé en héritage "le désordre hygiénique des vieilles habitudes coloniales" (COSTA, 1983, p.12, apud CASTELLANI FILHO, 2010, p.32). La force des médecins hygiénistes provenait des chiffres absurdes de la mortalité infantile et des conditions sanitaires précaires des adultes, hérités de la période coloniale. Il était donc nécessaire que les médecins fournissent des lignes directrices pour un mode de vie sain à la "nouvelle" famille brésilienne.

Le discours militaro-hygiéniste a commencé à être accepté par les familles brésiliennes les plus riches. Ce discours ne s'adressait pas aux couches les plus pauvres de la population, par exemple, il ne s'adressait pas à l'ancien esclave et à sa famille, et les médecins hygiénistes ne cherchaient pas non plus à soigner les plus pauvres. Il y avait une volonté déclarée d'eugénisme de la part de la race *blanche* brésilienne, qui visait non seulement à protéger le *pays, mais* aussi à se protéger elle-même - la nouvelle élite - contre l'insurrection des plus de 2 500 000 anciens esclaves. Il s'agissait clairement d'un discours qui exacerbait les préjugés à l'encontre des Noirs dans la nouvelle république et qui les maintenait, en tant qu'esclaves, dans une position d'infériorité. Un extrait de l'avis susmentionné de Rui Barbosa (1882) montrait déjà le discours de l'eugénisme : "(...) avec la mesure proposée, nous n'avons pas l'intention de former des acrobates ou des Hercules, mais de développer chez l'enfant la *quantité de* vigueur physique essentielle à l'équilibre de la vie humaine, au bonheur de l'âme, à la préservation de la patrie et à la dignité de l'espèce (...)".

Le discours de l'eugénisme touchait également les personnes souffrant d'un handicap ou d'un manque d'éducation, ce qui *empêchait la* perpétuation correcte de l'espèce. Castellani Filho (2010) met en évidence certains extraits de textes écrits par Fernando de AZEVEDO, auteur du livre *Da Educagdo Fisica* (1920), défenseur de l'EP en tant que science de la santé et défenseur de la *pureté de la race* - blanche,

9

évidemment. Ces extraits contiennent un contenu extrêmement préjudiciable, affirmant qu'il faut faire attention, par exemple, à l'environnement et à la prolifération de maladies contagieuses dues à des "reproducteurs malades". L'auteur va jusqu'à dire : "Que peut-on vraiment attendre de filles faibles, pour lesquelles la maternité serait une catastrophe, sinon une floraison de plus en plus chétive et maladive ?". (AZEVEDO, 1920, p.102, apud CASTELLANI FILHO, 2010, p.43).

Pour les partisans de l'hygiène et de l'eugénisme, l'EP jouait un rôle majeur. Selon un raisonnement simpliste, des femmes fortes et en bonne santé seraient plus à même de produire des enfants en bonne santé - puisque c'est le seul rôle des femmes : être mères - et par conséquent, ceux-ci seraient à leur tour capables de défendre et de construire le pays - dans le cas de la progéniture masculine - et de devenir des mères robustes et en bonne santé - dans le cas de la progéniture féminine.

La gymnastique pratiquée dans les rares institutions éducatives, institutions d'exclusion qui n'accueillaient que les enfants de l'élite, représentait à l'époque l'éducation physique. Comme nous l'avons déjà souligné, la gymnastique pratiquée jusqu'aux années 1930 était principalement d'origine allemande et suédoise. Un peu plus tôt, toujours dans les années 1920, les méthodes de gymnastique allemandes et suédoises ont commencé à être remplacées dans les forces armées nationales. En 1921, comme le souligne Oliveira (2004), un décret-loi approuve le "Règlement d'instruction physique militaire", destiné à toutes les armes et inspiré de la gymnastique naturelle française, qui est enseignée à l'école de Joinville-le-Pont. Un arrêté du ministre de la Guerre crée également le Centre d'éducation physique militaire, destiné à "diriger, coordonner et diffuser la nouvelle méthode d'éducation physique et ses applications sportives" (p.26).

Ce n'est que sept ans après le décret, en 1928, que le Cours provisoire d'éducation physique a été créé à la place du Centre militaire d'éducation physique prévu. Dans ce cours, les militaires ont habilement admis à la fois des officiers des forces armées et des enseignants civils. Qu'il s'agisse de civils ou de militaires, la formation dispensée est disciplinaire. Enfin, ce n'est qu'en 1933 qu'est créée l'École d'éducation physique de l'armée, qui, comme le Cours provisoire d'éducation physique, admet également des officiers et des enseignants civils. À côté de la traditionnelle École d'éducation physique de l'armée, il n'existait que deux autres établissements spécialisés dans la formation des professeurs/instructeurs d'éducation physique : Le Centre sportif de la marine (RJ), qui n'était pas ouvert à la population civile, et l'École d'éducation physique de la police militaire (SP).

L'école d'éducation physique de la police militaire de Sao Paulo mérite une mention spéciale pour avoir été le premier centre d'enseignement de l'éducation physique du pays - créé en 1914 pour "qualifier le personnel militaire brésilien pour donner des cours d'éducation physique aux troupes" (extrait du site web institutionnel de la police militaire de Sao Paulo) - et le deuxième en Amérique latine. L'école d'éducation physique (EEF -SP-) a été "organisée sur des bases solides, en suivant des principes pédagogiques et scientifiques et en devenant reconnue au niveau national dès les premières années de son existence".

Le texte institutionnel du site de la police militaire de Sao Paulo présente de *manière romantique la* découverte de l'éducation physique et de certaines pratiques qui s'y rapportent, comme l'escrime, les méthodes de gymnastique et l'entraînement au combat. Je dis *romanesque* parce qu'il décrit avec pertinence la découverte et l'apprentissage de l'éducation physique avec les *maîtres* venus d'Europe, en particulier, dans le cas de cette école d'éducation physique, sous l'influence des *maîtres* français arrivés au Brésil dans le cadre de missions militaires. Les étrangers qui arrivaient apportaient avec eux les titres et les connaissances qu'ils avaient acquis, par exemple, dans des écoles comme Joinville-Le-Pont - le créateur de la méthode française de gymnastique. Des connaissances que les Brésiliens, et d'abord les militaires, se sont empressés d'assimiler, tant sur le plan théorique - car elles sont apparues dans les cours initiaux et ont donné à la pratique le statut de science - que dans l'action elle-même. Il ne fait aucun doute que les militaires, avec une contribution importante des Européens arrivés ici pour différentes raisons, ont joué un rôle primordial dans l'émergence, la croissance et le développement de l'EP brésilien. Cependant, comme nous le verrons plus tard, l'enseignement des connaissances en EP par ces mêmes militaires, à un certain moment de notre histoire, est remplacé par la formation et le *romantisme* est mis de côté au profit de l'intérêt politique et des discours sur le maintien du pouvoir.

Au début des années 1930, alors que le Brésil était dirigé par les militaires (Estado Novo), il n'a pas fallu attendre longtemps pour que la méthode de gymnastique française devienne obligatoire dans les écoles nationales (1931). Selon Oliveira (2004), "le règlement d'éducation physique de l'école militaire de Joinville-le-Pont a été la bible de l'éducation physique brésilienne pendant plus de deux décennies" (p.26). Ce règlement devient inquiétant lorsqu'il limite les concepts et les pratiques de l'éducation physique dans les établissements d'enseignement à ce qui se passait dans les casernes militaires. La définition de l'éducation physique dans le règlement illustre les limites auxquelles je fais face : "Elle comprend l'ensemble des exercices dont la pratique rationnelle et méthodique est susceptible de faire atteindre à l'homme le plus haut degré d'amélioration physique compatible avec sa nature" (OLIVEIRA, 2004, p.26). Ceci exprime l'intention des militaires en matière de condition physique de la population au nom d'un projet eugéniste - améliorer la race *blanche* brésilienne - en vue de la supposée défense du pays, ainsi que de la formation de citoyens aptes au développement de la nation, qui se développait dans le domaine de l'industrie.

C'est également sous l'Estado Novo, en 1937, qu'a été créé le Plan national d'éducation, dans lequel deux sujets importants ont été inclus : L'éducation morale et civile et l'éducation physique. Ces matières avaient clairement pour fonction d'affirmer le discours du régime militaire en forgeant un modèle de citoyens brésiliens : nationalistes, virils, prêts à servir leur pays et à promouvoir son développement. Le plan national d'éducation, inclus dans la charte constitutionnelle, a déterminé que l'éducation physique devait devenir obligatoire dans l'enseignement primaire et secondaire, dans toutes les écoles nationales, et facultative dans l'enseignement supérieur.

Oliveira (2004) souligne à quel point l'éducation physique était un instrument du discours militariste. Il affirme que l'EP a été un moyen de diffuser le nationalisme avec la création de "centres civiques scolaires" (p.27) dans les écoles, lieux où l'on pratiquait l'éducation physique et où l'on organisait des célébrations et des défilés "civiques". Il convient de souligner un extrait de l'interview de Maria Lenk - nageuse, première femme sud-américaine à participer aux Jeux Olympiques (Los Angeles, 1932) - réalisée par Oliveira (2010, p.129), qui a pris soin de retranscrire l'intégralité du discours de Lenk. Notre pionnière met en évidence les intentions du gouvernement militariste de l'Estado Novo, révélant les influences que ce gouvernement a subies de la part du nazisme en Allemagne, mais aussi les moyens - s'appuyant pour cela sur l'éducation physique - que le gouvernement Vargas a cherché à mettre en œuvre pour créer le Nouvel État brésilien :

> [Le Brésil suivait les événements en Europe. Là-bas, le nazisme accordait beaucoup d'importance à la forme physique, en projetant la jeunesse, la Jeunesse hitlérienne, [...] qui a servi, dans une certaine mesure, d'incitation pour nous aussi, parce que la réflexion sur la nécessité d'une personne en bonne santé est arrivée au Brésil [...] les défilés de jeunes, que le gouvernement brésilien a copiés dans une certaine mesure, et nous avons eu la Journée de la jeunesse, également connue sous le nom de "Journée Raf", célébrée le 5 septembre, deux jours avant le Jour de l'indépendance. Le 5 septembre, il y avait donc le défilé de la Journée de la jeunesse et le 7 septembre, le défilé militaire.

Dans l'Estado Novo, le sport a également pris de l'importance dans les établissements d'enseignement. De nombreux sports sont devenus populaires au sein de la population. Des sports comme l'aviron - la "première passion sportive brésilienne" (OLIVEIRA, 2004, p.25) - ainsi que le basket-ball - qui était déjà largement pratiqué dans les écoles et les clubs - étaient l'apanage de l'élite. Contrairement aux sports mentionnés ci-dessus, le football était **pratiqué par tous,** des plus riches aux moins privilégiés, même s'il était interdit aux Noirs dans les clubs sportifs de l'élite. Comme le dit Oliveira (2004), dans les années 1930, le football a acquis une popularité qui en a fait un "phénomène social" (p.26). (LENHARO, 1986, p.77,78, apud CASTELLANI FILHO, 2010, p.67) évoque le rôle du sport dans la société brésilienne comme suit : " [...] les problèmes de sécurité et de défense du pays exigeaient la collaboration des civils, par le biais du sport, pour le travail d'organisation et de préparation des casernes. Cette politique sportive nous garantissait l'entretien de nos immenses réserves vivantes". En d'autres termes, le sport, inséré dans le cadre de l'éducation physique, doit jouer son rôle dans le développement du pays, au même titre que la gymnastique.

Le projet militaire se poursuit, cherchant par l'eugénisme à atteindre utopiquement la race pure. La poursuite de cet *objectif,* extrêmement excluant et préjudiciable, atteint son apogée avec le décret n° 21.241 (article 27, lettre b) et le point 10 de l'ordonnance n° 13 du 16 février 1938, qui interdit l'inscription dans l'enseignement secondaire "des élèves dont l'état pathologique les empêche définitivement de suivre les cours d'éducation physique". 13 du 16 février 1938, qui interdit l'inscription dans l'enseignement secondaire "des élèves dont l'état pathologique les empêche définitivement de suivre les cours d'éducation physique".

Je constate que le discours militariste était ancré dans une grande partie de la société brésilienne de l'époque, y compris chez les professeurs d'éducation physique, militaires ou non, qui corroboraient ces préceptes. Castellani Filho (2010, p.68) met en évidence un article écrit par Helion Povoas - célèbre médecin hygiéniste, membre de la Faculté nationale de médecine et titulaire, à l'époque, de la chaire de pathologie générale - dans la revue "Educagao Fisica" n.44 de novembre 1938. Il écrit sur la toute première page :

> Donnons à l'armée tous les pouvoirs pour que, dans le secteur de l'éducation physique, elle puisse mettre en pratique, sur tout le territoire national, sa technique disciplinaire qui est, en ce moment, un évangile très salutaire pour la nation. Pour nous mettre à l'abri des tempêtes, organiser notre défense, la glorieuse armée a besoin d'un "homme brésilien", avec des lettres majuscules, très majuscules [...] Que tout le Brésil, en ce qui concerne l'éducation physique, soit une école d'éducation physique de l'armée".

Outre la nécessité de développer la condition physique par l'*entraînement pour la* défense du pays, je voudrais souligner une fois de plus qu'il était tout aussi nécessaire, à l'époque, de former des jeunes gens physiquement aptes à effectuer les travaux lourds des industries en pleine croissance du pays. C'est pourquoi un certain nombre de mesures ont été prises, dont l'une a été la promulgation en 1942 de la loi organique sur l'enseignement industriel - décret-loi n° 4073 - qui a rendu l'éducation physique obligatoire dans ce type d'enseignement. Une autre mesure prise par le gouvernement militaire de Getulio Vargas a été la création d'institutions telles que le Service national d'apprentissage industriel (SENAI), qui, en plus de former - grâce à l'enseignement technique - des travailleurs pour les industries nationales en expansion, avait également pour fonction de rapprocher l'employeur de l'employé. Comme c'est encore le cas aujourd'hui, cette institution avait pour fonction de promouvoir une interaction sociale saine entre les employeurs et les employés par le biais du sport et d'autres activités d'exercice physique. Ainsi, même pendant le temps libre, l'entreprise était présente dans la vie du travailleur, l'éduquant, s'occupant de sa santé, de sa **récupération pour une nouvelle journée de travail,** et créant en lui (le travailleur) l'idée qu'elle (l'entreprise) faisait partie de sa famille. Il convient de citer Soares (2004, p. 20) lorsqu'elle parle des soins du corps aux États-Unis, pays en voie d'industrialisation :

> Le corps individuel, en tant qu'unité productive, petite machine dans les rouages de l'industrie capitaliste, devient alors une marchandise [...] il sera un objet socialisé par les nouveaux rapports de production, un instrument supplémentaire qui doit être méticuleusement contrôlé pour être utile au capital.

Les intentions stratégiques du gouvernement apparaissent clairement dans le discours prononcé lors d'une conférence intitulée "L'éducation physique dans les classes ouvrières" par le major Inacio Rolim - premier directeur de l'École nationale d'éducation physique (aujourd'hui EEFD - UFRJ) - en 1941, rapporté par Castellani Filho (2010, p. 76) :

> Les activités de cette nature (gymnastique, natation, boxe, cyclisme, aviron)

15

> [...] constituent des occasions favorables pour le travailleur de réaliser une communion intime avec ses camarades et une liaison intime avec la direction de l'entreprise.Le sport sert admirablement à réaliser le principe suprême de l'unité de l'entreprise, dans le sens d'une véritable communauté. Grâce à cette précieuse opération, il y a une parfaite connaissance des différents éléments d'une même association et les heures de récréation sportive sont des manifestations éloquentes d'une grande solidarité.

Il est intéressant de voir comment le discours *paternaliste* du monde des affaires continue d'être naturalisé dans la société brésilienne, même après plus d'un demi-siècle. Un *sens commun a* été créé, y compris dans les discours des spécialistes de l'éducation physique des jeunes et des adultes, comme nous le verrons plus loin, selon lequel les propositions d'activités physiques pour les travailleurs devraient être *légères* et axées sur la détente, favorisant la relaxation après une journée de travail et également la récupération pour la nouvelle journée de travail. Je signale, sans plus d'étude, que dans les cours du soir pour jeunes et adultes de l'État de Rio de Janeiro (Brésil) - *où je* travaille - une sorte d'*accord s'*est créé, y compris parmi les professeurs qui enseignent à ce groupe, pour que l'EP ait la priorité dans la salle de classe, Cela est dû en grande partie à l'incorporation du discours qui a émergé avec l'"éducation industrielle", selon lequel ces élèves ne seraient pas en mesure, en raison de la charge de travail quotidienne, d'effectuer une quelconque activité, même *légère, et que l'*âge de nombreux membres des classes de jeunes et d'adultes, outre l'hétérogénéité du groupe, rendrait les activités pratiques irréalisables.

Sans m'étendre sur la question, puisqu'il y aura un débat plus approfondi par la suite, je pense que les propositions de cours d'EPS pour les jeunes et les adultes devraient suivre un plan à discuter/négocier avec les élèves. Ainsi, en réalisant des pratiques qui ont suscité l'intérêt des élèves, nous (enseignants d'EPS) ne devrions pas être limités à la salle de classe. Il ne fait aucun doute qu'il faut veiller à ce que chacun puisse réaliser les actions proposées pour les cours, dans le respect des différences, mais sans avoir à *préparer le* groupe à une nouvelle journée de travail ou en évitant les mouvements *tendus* ou compétitifs, en valorisant uniquement les jeux ou les activités qui stimulent l'*esprit de coopération.*

Nous (enseignants/étudiants) devons être libres dans nos choix. Faire des actions qui donnent du sens à ce qui est étudié, en combinant la théorie et la pratique. Ainsi, tous les mouvements incorporés dans l'éducation physique sont possibles : sport, danse, gymnastique, jeux coopératifs, sport adapté, lutte, entre autres.

Enfin, dans les années 1930, plus précisément en 1939, l'École nationale d'éducation physique et sportive (ENEFD) - actuellement École d'éducation physique et sportive (EEFD) - a été créée, liée à l'Université du Brésil - actuellement UFRJ - qui était l'une des premières institutions éducatives non militaires, avec le statut de partie intégrante d'une université, - la plus grande à l'époque - pour former des professeurs d'éducation physique pour la société brésilienne. Malgré l'influence évidente des écoles militaires d'éducation physique et le contrôle exercé par le gouvernement - les premiers directeurs de l'ENEFD d'alors étaient des officiers militaires - on peut dire que cette institution amorçait timidement une certaine déconnexion entre l'éducation physique et le militarisme, étant donné que son corps enseignant était composé non seulement de militaires, mais aussi de médecins et d'enseignants civils, ces derniers étant diplômés d'institutions militaires, mais ayant également suivi un cours d'urgence, proposé par le ministre Capanema (ministre de l'éducation et de la santé de Getulio Vargas), avant l'inauguration de l'école. Le cours d'urgence a sélectionné des enseignants tels que Maria Lenk, grande pionnière, comme on l'a déjà dit, du sport et de l'éducation physique nationale, qui deviendra plus tard, dans les années 1960, la première femme directrice de l'école d'éducation physique de l'UFRJ et la première à occuper un tel poste au Brésil.

L'entrée des femmes dans le domaine éminemment militaire et dominé par les hommes de l'éducation physique a été quelque peu lente et graduelle. Curieusement, ce sont les militaires eux-mêmes, plus précisément ceux de l'École d'éducation physique de l'armée (RJ), qui ont encouragé l'ouverture, dans les forces militaires de São Paulo, d'un institut qui promouvrait, pour la première fois, des cours pour les femmes. Cet institut, créé en 1934 et dont la première promotion comprenait Maria Lenk, deviendra l'actuelle École d'éducation physique et sportive (EEFE) de l'Université de São Paulo (USP). Le cours bénéficiait du soutien de la prestigieuse École d'éducation physique de l'armée (RJ), qui avait intérêt à propager et à diffuser l'EP et ses contenus dans divers centres du pays - affirmant le discours militaire de l'entraînement physique de la population - mais au-delà de ces intérêts, comme le rapporte Maria Lenk - et je suis d'accord avec elle - dans un entretien avec Castellani Filho (2010), le corps enseignant était composé d'"'idéalistes", passionnés par l'éducation physique et qui la considéraient comme un ensemble de connaissances, liées, à l'époque, principalement à l'étude du corps humain et de sa physiologie.

Je vais parler davantage de la difficulté qu'ont eue les femmes à obtenir le droit de pratiquer le sport ou même l'exercice physique partout où elles allaient, y compris à l'école. Dans une société patriarcale et dominée par les hommes à l'époque, où les femmes étaient culturellement préparées à être de bonnes mères et à s'occuper du foyer et de la famille, il a fallu beaucoup de courage et de résilience aux héroïnes pionnières du sport et de l'éducation physique nationale pour montrer progressivement leurs capacités et surmonter les préjugés, afin d'obtenir des opportunités dans cet environnement.

Les femmes et l'éducation physique

Le chemin vers l'exercice physique pour les femmes a été tortueux. Toute activité physique plus vigoureuse est condamnée au *sexe faible* et les arguments utilisés pour justifier le non-recours tournent autour de la physiologie. Les femmes, considérées comme fragiles, ne pourront jamais supporter les exigences physiques de certains exercices au même titre que les hommes, et l'on craint la mise à nu du corps féminin au début de la Première République et dans les décennies suivantes. Plus que les *limites physiologiques, c'est la* question culturelle que *je mettrais* en avant comme le plus grand frein à l'action des femmes. Dès leur plus jeune âge, et c'est encore le cas aujourd'hui, les filles ne sont pas encouragées à bouger. Il est courant qu'elles jouent à la maison, avec des jouets qui sont des appareils ménagers miniatures, ou qu'elles jouent à la poupée. Pour les garçons, c'est l'inverse : on leur donne des balles et des chariots pour qu'ils courent dans l'espace disponible.

Au début - comme on l'a déjà dit - même pendant la transition Empire/République, l'idée de la gymnastique pour les femmes a été rejetée par les familles de l'élite brésilienne. (MARINHO, 1980, p.161, apud CASTELLANI FILHO, 2010, P.36) rapporte le rapport de 1874 du conseiller Josino do Nascimento Silva, de la province de Rio de Janeiro, concernant la réceptivité de l'opinion publique de l'élite aux cours de gymnastique pour les femmes dans les écoles :

> "Les esprits ne sont pas calmés par des instructions provisoires. Nous avons dû en suspendre l'application et, malgré cela, des parents ont interdit à leurs filles les exercices de gymnastique tels qu'ils étaient enseignés et prescrits, au risque de perdre l'année et leur carrière.

Comme nous l'avons vu, peu à peu, la pensée positiviste sur la nécessité du changement, de l'ordre et du progrès fait évoluer les mentalités des classes dirigeantes, mais toujours avec des réserves sur la gymnastique des femmes, pour qu'elles ne soient pas aussi vigoureuses que les hommes. Le discours hygiéniste, complété par l'eugénisme défendu par les militaires, de maintenir le corps féminin sain, robuste, pour que les femmes deviennent de bonnes mères et engendrent une bonne descendance au nom du progrès de la nation, fait que le sexe féminin, même dans une mesure limitée, sort de son inertie et a le feu vert pour faire de la gymnastique et quelques sports - du football en aucun cas - sans que cela ne provoque autant d'étrangeté.

Voyons ce que dit le DECRET-LAW no. 3.199 du 14 avril 1941 (art. 54) :

> Les femmes ne doivent pas être autorisées à pratiquer des sports incompatibles avec les conditions de leur nature et, à cette fin, le Conseil national des sports doit donner les instructions nécessaires aux organismes sportifs du pays.

(LOURENQAO, 1953, p.14-19, apud. CASTELLANI FILHO, 2010, p.46) dans un article publié dans la revue de l'Association des Professeurs d'Education Physique de Sao Paulo, renforçant ce que j'ai dit, réfléchit sur les différences entre les hommes et les femmes en EPS, non pas à cause d'une question physiologique, mais à cause de l'influence de notre culture. Dès 1953, l'auteur a brandi la bannière du féminisme en éducation physique, à la recherche d'un traitement égal pour les hommes et les femmes :

> [...] en général, on accepte la fragilité de la fille par rapport au fils et on prend davantage soin de la protéger des expériences et des contacts [...] on donne aux garçons des jouets et des jeux différents. La lecture et même le trousseau du bébé sont différents [...] Ces facteurs environnementaux, minutieux dans les moindres détails, mais agissant de façon continue à travers les âges, déterminent progressivement des capacités différentes entre hommes et femmes [...] L'éducation physique doit s'adapter aux différences entre les sexes, même si l'enseignant doit se rappeler que ces différences, pour la plupart, sont plus le résultat des influences culturelles de notre société occidentale que de facteurs physiologiques réellement différenciateurs.

C'est un fait que la lutte pour l'égalité entre les hommes et les femmes se poursuit encore aujourd'hui, et il n'est pas rare de constater, par exemple, des différences de salaire entre les hommes et les femmes qui exercent le même travail. De nombreuses études montrent que les hommes reçoivent de meilleurs salaires que les femmes et occupent des postes plus importants que les femmes dans les entreprises ou dans la fonction publique. C'est un exemple d'héritage à combattre et à dénoncer, issu d'une société patriarcale et sexiste qui a refusé aux femmes d'innombrables possibilités. Dans le domaine de l'éducation physique et du sport, je voudrais souligner que ce n'est qu'en 2018 que la compétition inter-nations de la Fédération internationale de volley-ball (FIVB) a attribué à l'équipe féminine victorieuse le même prix qu'à l'équipe masculine victorieuse.

Un autre point que je soumets à la discussion, mais qui nécessiterait une étude plus approfondie, est le fait qu'il y a peu de femmes entraîneurs dans le sport par rapport au sexe masculin. Il est clair que même dans les compétitions féminines, ce sont les hommes qui dominent le marché du travail. Nous devons surmonter la barrière culturelle qui, entre les lignes, suggère que les femmes n'ont pas les mêmes capacités que les hommes ou qu'elles auraient des difficultés à exercer le leadership comme le font les hommes. Depuis de nombreuses années, je travaille dans le domaine de l'éducation physique (écoles, clubs, etc.) et j'ai remarqué les préjugés sur les capacités des femmes professionnelles et combien les femmes dans ce domaine doivent se défendre pour gagner le respect de ceux qui les entourent. Si l'on examine les données relatives au volley-ball - le sport que j'entraîne - et plus particulièrement aux catégories junior et jeune (12 à 20 ans) dans l'État de Rio de Janeiro, on constate qu'il n'y a que deux entraîneurs féminins - travaillant **avec des équipes féminines - dans** un univers de quatre catégories et avec un total de 9 clubs participant à la compétition.

Il n'est pas étonnant que les femmes aient rencontré tant de difficultés à s'affirmer dans une carrière en EPS. En revenant à l'analyse historique, je constate qu'on leur a tout simplement refusé la pratique de certains sports, comme le souligne en 1965 la législation qui définit la manière dont les sports féminins doivent être développés. Voici les instructions du Conseil National des Sports -DELIBERAQAO N. 7/65- concernant la pratique du sport par les femmes :

> N.1 Les femmes sont autorisées à pratiquer des sports sous la forme, les modalités et les conditions établies par les instances dirigeantes internationales de chaque sport, y compris dans les compétitions, sous réserve des dispositions de la présente délibération.
>
> N.2 La lutte sous toutes ses formes, le football, le futsal, le beach soccer, le polo, le rugby, l'haltérophilie et le baseball ne sont pas autorisés.

Cette décision n'a été révoquée par le Conseil national des sports (CND) qu'en 1979. Castellani Filho, 2010, rapporte que c'est la désobéissance de Joaquim Mamed, alors directeur de la Confédération brésilienne de judo, qui a conduit à la *libération*. Mamed avait secrètement emmené quatre filles, qu'il entraînait illégalement, pour participer aux championnats sud-américains de judo en Argentine. Comme les filles étaient très bonnes, elles ont fini par être championnes et, après avoir été convoquées par la CND pour donner des explications, les exploits de ces athlètes ont été décisifs pour que les dirigeants, des militaires nationalistes, révoquent la délibération n° 7/65. En d'autres termes, la pratique de sports tels que le football et tous les types de lutte est très récente chez les femmes du pays, en raison du *blocus socioculturel et des* préjugés.

Pendant la dictature militaire, comme nous l'avons déjà dit, la *fonction* première des femmes *était d'*être mères, de s'occuper de leurs enfants et de leur foyer. Je voudrais souligner le fait que ce *rôle a été* délégué aux femmes par la loi 6.503 du 13/12/1977, qui donnait aux femmes ayant des enfants - contrairement au décret-loi 705/69, qui rendait l'éducation physique obligatoire à tous les niveaux et dans toutes les branches de l'enseignement - le droit d'être exemptées de la pratique de l'éducation physique à tous les niveaux et dans toutes les branches de l'enseignement. La loi 6.503/77 met en évidence la société patriarcale qui existait à l'époque, l'éducation de la progéniture étant la responsabilité unique et exclusive des mères, sans quoi les *hommes ayant une progéniture* devraient également avoir le même droit que les femmes.

Les mouvements de redémocratisation du Brésil, menés par tous ceux qui en avaient assez des interdictions et du contrôle (censure) des militaires, se sont développés et renforcés dans les années 1980 - un exemple, outre le mouvement féministe lui-même, est le mouvement Diretas Ja (1984) - et ont été fondamentaux pour une éducation physique plus inclusive. Castellani Filho (2010) aborde quelque peu ces mouvements de redémocratisation lorsqu'il parle d'un article de journal datant de 1987 dans lequel le Conseil national des droits de la femme (CNDM) négocie avec la Fondation d'aide aux étudiants (FAE) pour changer les images préjudiciables des femmes qui étaient liées aux manuels scolaires. Selon le CNDM, l'image de la femme était soumise, inexpressive, apathique et servile. La revendication a débouché sur la création de cahiers scolaires dans les écoles publiques avec une couverture plus proche de l'égalité entre les femmes et les hommes.

Je vais maintenant évoquer ce moment important de notre histoire - la re-démocratisation nationale - qui a apporté des changements significatifs à l'EFE.

De l'après Estado Novo au début de la période de re-démocratisation nationale

Après la fin de l'Estado Novo en 1945, le Brésil a connu une période de démocratie jusqu'au coup d'État militaire de 1964. Au cours de cette période de démocratie, un document important a été créé en 1961 : La loi n° 4.024/61, qui établit les lignes directrices et les bases de l'éducation nationale. En fait, cette loi n'a pas apporté beaucoup de changements à la législation antérieure en matière d'éducation. Comme le mentionne Saviani (1982), elle se limitait à l'organisation scolaire, se contentant de réglementer le fonctionnement et le contrôle de ce qui existait déjà. Pour l'auteur, "les vrais problèmes éducatifs sont restés intacts et l'éducation populaire n'a même pas été prise en compte. L'organisation scolaire conservait ainsi son caractère d'appareil de reproduction des rapports sociaux dominants" (p.144-145). Ainsi, nous devons considérer qu'il n'y a eu qu'un changement politique au sein du gouvernement, l'élite habilitée ne s'est pas préoccupée des souhaits de la population et de l'éducation démocratique. À l'EFE, il convient de noter, en se basant une fois de plus sur Marinho (2004), que dans les années 1950, l'utilisation obligatoire de la méthode de gymnastique française, qui avait déjà été remplacée, a pris fin.

En suivant la séquence historique des événements, avec le retour des militaires au pouvoir, il convient de noter que les lois 5.540/68 et 5.692/71, visant l'éducation nationale, n'abrogent pas les objectifs contenus dans la loi 4.024/61. C'est juste que les inspirations plus libérales cèdent la place à une tendance plus techniciste, suivant la feuille de route internationale - dans GAVA (2017), chapitre 2, je souligne l'influence de la mondialisation sur l'éducation nationale, les politiques éducatives externes qui *vendent des* modèles technicistes de réussite visant le profit et faisant de l'éducation une grande entreprise -. C'est une preuve supplémentaire qu'il y avait un bras de fer politique entre deux groupes principaux : l'élite civile (hommes d'affaires libéraux) et les nationalistes militaires. De cette manière, peu importe qui était au pouvoir, car les changements structurels nécessaires et un État plus démocratique n'étaient pas dans l'intérêt de ces groupes dominants. Je comprends également que lors du coup d'État de 1964, les militaires et les milieux d'affaires libéraux ont uni leurs forces face à la menace d'un gouvernement à tendance socialiste - un mouvement qui se développait dans les partis - représenté par la figure de Joao Goulart, qui a pris la présidence du Brésil après la démission du président de l'époque, Janio Quadros, en 1961.

L'éducation techniciste mise en œuvre par le gouvernement militaire à partir des années 1970 ne se préoccupe pas de la formation intégrale des sujets nationaux ; le programme devient allégé et vise à former la main-d'œuvre industrielle. L'éducation physique a de nouveau eu pour rôle de générer la condition physique nécessaire au travailleur national. Par conséquent, l'EP a continué à servir d'instrument politique pour les militaires, comme l'indique le décret 69.450/71 qui, dans son article 1, la considère comme "l'ACTIVITÉ qui, par ses moyens, procédés et techniques, éveille, développe et améliore les forces physiques, morales, civiques, psychiques et sociales de l'élève (constituant) l'un des facteurs de base pour atteindre les objectifs de l'éducation nationale". L'article 2 poursuit en disant que l'aptitude physique est "la référence fondamentale pour guider la planification, le contrôle et l'évaluation de l'éducation physique, des sports et des loisirs, au niveau des établissements d'enseignement".

Le décret 69.450/71, en déclarant que l'éducation physique est une ACTIVITÉ, ce qui serait mieux expliqué dans l'avis n° 853, également de 1971, du Conseil fédéral de l'éducation (CFE), comme "une activité pratique qui ne nécessite pas de réflexion théorique", a reçu de vives critiques de la part de groupes d'enseignants. 853, également de 1971, du Conseil fédéral de l'éducation (CFE), comme "un acte pratique qui n'est pas significatif en termes de réflexion théorique", a fait l'objet de vives critiques de la part de groupes de professeurs d'éducation physique - qui se sont renforcés à la fin des années 70 et au début des années 80 - qui prônaient une EP plus pédagogique, plus démocratique, au lieu d'un entraînement physique et qui, oui, se basait sur des contenus significatifs, basés sur la théorie, visant les sujets d'apprentissage. L'idée d'ACTIVITÉ, de faire pour faire, était/est sévèrement rejetée par ce groupe :

> L'éducation physique est un domaine de connaissance doté d'un savoir spécifique - dont l'appréhension par les étudiants serait une partie essentielle de leur formation intégrale, sans laquelle elle n'aurait pas lieu - mais plutôt comme une simple expérience limitée en elle-même, dépourvue de l'exercice de systématisation et de compréhension de la connaissance, n'existant que de manière empirique. (CASTELLANI FILHO, 2010, p. 84)

Je reviendrai plus tard sur le point de vue de ce groupe d'enseignants, qui s'est renforcé à la fin des années 1970 et au début des années 1980. Pour l'instant, je dis que ces personnes ont joué un rôle important dans la recherche d'une éducation physique plus valorisée et reconnue en tant que matière scolaire. Cependant, contrairement à eux, je pense que l'éducation physique à l'école peut aussi être parfois moins rigide, moins engagée dans l'utilité sociale et l'action pour le *plaisir,* plus axée sur le goût, sur l'esthétique.

Axé sur le discours de l'éducation physique en tant que corps sain et physiquement apte, le gouvernement militaire, au point I de l'article 5 de la loi 6.251/75, déclare que l'un des objectifs de la politique nationale en matière d'éducation physique et de sport est d'"'améliorer la condition physique de la population". Cette même loi met également l'accent sur la performance sportive, autre trait marquant de l'ère militariste. La recherche de la productivité, de l'efficience et de l'efficacité, présente dans le sport de haut niveau, était tout ce qu'il fallait pour le développement de la nation.

Contrairement à ce qui s'est passé dans d'autres pays du monde - voir la période de la guerre froide - le sport a été un allié des intentions dominantes en raison de sa capacité de catharsis, en d'autres termes, "de canaliser autour de lui, dans son univers magique, les aspirations, les espoirs et les frustrations des Brésiliens" (CASTELLANI FILHO, 2010, p.91). Cette capacité a été immensément exploitée pendant la dictature militaire dans les compétitions internationales pertinentes. Une fois de plus, je voudrais mettre en avant Castellani Filho (2010), qui mentionne l'hymne brésilien lors de la Coupe du monde de 1970 : "Quatre-vingt-dix millions en action, en avant le Brésil, sauvez l'équipe nationale" ! Le régime militaire a donc encouragé la population à être fière de son pays et de ses sportifs et, d'*autre part,* a essayé de masquer les persécutions politiques brutales et les crimes commis arbitrairement contre la partie de la population qui n'était pas d'accord avec son discours ufaniste aliénant et répressif.

L'éducation physique était alors un portrait de l'époque. En d'autres termes, elle était basée sur la pratique d'exercices physiques - la condition physique - sans base théorique, et axée sur le sport de compétition. Né en 1976, j'ai pu vivre un peu de cette éducation physique, qui faisait des classes de véritables centres d'entraînement sportif, axés sur l'entraînement physique (activités gymniques) et l'apprentissage des techniques des sports les plus traditionnels de notre culture (volley-ball, futsal, basket-ball et handball). Les cours étaient répétitifs et pas du tout théoriques - on se contentait d'apprendre les règles - et ceux qui aimaient pratiquer le sport - je m'inclus dans ce groupe - participaient aux cours avec plaisir, mais beaucoup d'autres, même en raison de leur manque de capacités sportives ou parce que les cours étaient *ennuyeux, finissaient* par manquer à l'appel.

Je me souviens bien que tout au long des années 1980, surtout au début - lorsque nous vivions encore sous le régime militaire - il était courant que les écoles aient des équipes sportives dans différentes disciplines. Les écoles privées encourageaient et payaient leurs enseignants pour qu'ils fassent ce travail, car c'était une façon de promouvoir le nom de l'institution. Même les écoles publiques, dont les enseignants étaient passionnés de sport, organisaient leurs équipes et participaient à des compétitions scolaires telles que l'INTERCOLEGIAL, une grande compétition organisée dans la municipalité de Rio de Janeiro, qui mettait aux prises des écoles publiques et privées.

Le gouvernement voyait d'un bon œil des compétitions telles que l'Intercolegial, car elles permettaient de faire émerger de nouveaux talents sportifs qui feraient rayonner le pays à l'étranger. Pour me faire une idée de la situation à l'époque, j'ai cherché des informations sur l'Intercolegial et j'ai découvert un peu de son histoire sur le site web du journal O GLOBO, l'organisateur de la compétition. En remontant un peu dans mes souvenirs d'enfance et d'adolescence, je me suis rendu compte que la compétition a été lancée en 1983, suite à l'expérience réussie de la promotion du Championnat de volley-ball de rue (1982). Lors de sa première édition, l'Intercolegial comptait un nombre impressionnant de 472 écoles, "qui ont emmené 20 000 athlètes de leurs salles de classe aux terrains de compétition" - comme le retranscrit le site web du journal O GLOBO. Le nombre d'écoles inscrites était tel qu'il y avait des matchs tous les jours de la semaine.

Selon le site web d'O GLOBO, lors des éditions suivantes, le nombre d'écoles participantes a dû être limité afin que les jeux ne puissent avoir lieu que les week-ends. Lors de la dernière édition de l'Intercolegial, 214 écoles et environ 10 000 élèves ont participé. Même si l'on justifie la nécessité de réduire le nombre d'écoles participantes pour permettre une bonne organisation des jeux, je pense que si l'on ne limitait pas le nombre d'écoles participantes, il n'y en aurait pas autant qu'en 1983. Le sport a perdu du terrain dans les écoles en raison de divers facteurs, parmi lesquels je voudrais souligner : 1) la dévalorisation du sport (considéré comme un facteur d'exclusion) qui s'est produite pendant la période de redémocratisation nationale ; 2) la moindre visibilité du sport en tant qu'investissement publicitaire ; 3) le moindre intérêt de la jeunesse contemporaine pour le sport, car il y a maintenant d'innombrables *attraits* qui captent l'attention de nos jeunes : les jeux électroniques (le milliardaire E-Sport) ; l'internet et les médias sociaux attrayants ; 4) l'absence d'une politique nationale axée sur le sport.

Je reviendrai plus tard sur le sport à l'école, mais pour l'instant, en revenant au gouvernement de la fin du régime militaire, il semble que l'Intercolegial ait atteint ses objectifs d'encouragement du sport, de révélation des talents et donc d'affirmation du régime. Voici un extrait du site O GLOBO, qui traite du succès des Jeux : "[...] en trente ans d'existence, l'Intercolegial a légué au sport national des talents qui sont devenus des médaillés olympiques, comme les championnes de volley-ball Virna et Sandra Pires, la nageuse Patricia Amorim et la sprinteuse Rosangela Santos".

Je voudrais dire que je suis favorable au sport à l'école et qu'elle (l'école), comme c'était le cas sous le régime militaire, peut aussi être un lieu de révélation de talents. Cependant, je suis d'accord avec ceux qui s'opposent au sport développé dans les écoles sans but éducatif, car il s'agit d'une reproduction de ce qui s'est passé pendant le régime militaire et donc d'une exclusion. Je soutiens que le sport peut être éducatif, sans avoir besoin d'un *label* pédagogique/coopératif pour entrer à l'école, et, **s'il est pratiqué en dehors de la salle de classe, il** peut également donner une opportunité - même si ses pratiquants ne deviennent pas des représentants du sport national - à ceux qui n'ont pas accès à une pratique sportive systématisée (entraînement), limitée à quelques institutions privées ou à des projets sociaux.

Dans le paragraphe précédent, j'ai utilisé l'expression *sceau* lié à l'aspect pédagogique, et je vais maintenant expliquer pourquoi. Comme je l'ai dit précédemment, avec les mouvements de re-démocratisation au Brésil - à la fin des années 70 et au début des années 80 - un groupe est apparu au sein de l'éducation physique qui s'est appelé Pensamento Pedagogico Renovador da Educacao Fisica (PPREF), formé par une série de professeurs d'éducation physique, dont beaucoup de São Paulo, qui ont sévèrement critiqué l'éducation physique militaire et sa formation, qu'ils ont qualifiée d'étroite d'esprit. Ils remettaient en question, à juste titre, en s'appuyant sur la sociologie et la philosophie, les pratiques d'éducation physique sans fondement théorique, c'est-à-dire celles que l'on peut qualifier de simple ACTIVITÉ, le fait de faire pour faire. Ils ont exigé une EP, comme toute autre matière scolaire, dotée d'un ensemble de connaissances propres et axée sur notre culture et notre vie en société. À cette fin, pour que l'EP devienne plus significative et socialement pertinente, les défenseurs du PPREF insistent sur la pédagogisation de son contenu, en combattant le sport - en le transformant en pédagogie - en raison de son exclusion et en proposant de nouvelles connaissances, selon eux, inhérentes à notre culture corporelle du mouvement. Pour ce faire, ce groupe affirme que la salle de classe est un autre environnement nécessaire pour les cours d'éducation physique.

J'aborderai ci-dessous les questions liées au PPREF, qui est devenu le groupe hégémonique de l'EFE brésilienne depuis les années 1980.

Renouveler la pensée pédagogique en éducation physique

La Pensée de Renouveau Pédagogique de l'Education Physique (PPREF) a été constituée par le discours contre les pratiques exercées dans l'Education Physique Scolaire (EP) pendant la période militaire. Pour Ghiraldelli Jr. (2001, p.104) - auteur partisan du PPREF - par exemple, le régime militaire (1964-1985) a été guidé par : "la répression, la privatisation de l'éducation, l'exclusion d'une grande partie des secteurs les plus pauvres d'une éducation élémentaire de qualité [...] et diverses tentatives de démobilisation de la profession enseignante par une législation éducative abondante et souvent confuse"

Selon les promoteurs du PPREF, l'EP subit un processus de dévalorisation à l'école, dans lequel les moins aptes physiquement sont exclus et les pratiques sportives compétitives sont encouragées. Il était nécessaire, comme on l'a déjà dit, de **pédagogiser l'**EP, c'est-à-dire de mettre en place des actions éducatives, souvent en classe, qui donneraient un sens à la permanence de l'éducation physique à l'école en tant que matière pertinente. Grâce à une nouvelle perspective d'enseignement, développementale/émancipatrice/culturelle, répertoriant des contenus *socialement pertinents* tels que les éléments de la culture corporelle du mouvement (CCM), l'éducation physique (EP) pourrait être valorisée en tant que matière scolaire, socialement importante pour la formation, par exemple, du sujet émancipé.

Le PPREF s'oppose ainsi à la prédominance du sport comme contenu des cours d'EP, car le sport "reflète l'idéologie bourgeoise" (BRACHT, 1986, p.64), reproduisant les inégalités sociales et contribuant à la légitimation du système marchand. Il conteste également la vision "biologique" de l'EP et l'amélioration de la "condition physique", idéaux travaillés par le régime militaire pour maintenir la "force de travail nécessaire aux intérêts de la classe dirigeante" (BRACHT, 1986, p.63). Elle remet également en cause le mythe défendu sous le régime militaire - et présent dans les discours contemporains - du sport comme moyen d'ascension sociale, où le discours utilisé, basé sur des exemples isolés tels que Pelé ; Joao do Pulo ; entre autres, cherche à expliquer l'ascension sociale par le mérite individuel et le talent inné.

Selon le PPREF, il est nécessaire de réaffirmer dans les écoles " l'engagement social du professionnel de l'éducation physique, [...] le degré de respectabilité obtenu par une catégorie professionnelle donnée dans la société est équivalent au niveau d'importance et de qualité des services qu'elle offre " (Castellani Filho, 2010, p.162 - 163). Les propos de Castellani Filho (2010) montrent clairement la direction que devrait prendre l'EFE : celle d'être utile à la société.

La construction hégémonique de la "culture corporelle du mouvement" est partie, comme l'étudie Laclau (2001), d'articulations de "différences" qui formaient une "chaîne d'équivalence" autour du signifiant *culture*. Comme l'observe Daolio (2004, p. 14), une série d'auteurs du PPREF ont tenté de justifier la *transformation de l'EP* en signifiant la culture à leur manière, même si c'est de manière subjective, "parfois de manière incomplète ou réductionniste". Il s'agit de sortir *d'*une éducation physique traditionnelle basée sur le sport et la science (biologie) pour insérer/consolider une éducation physique culturelle.

La justification culturelle prend donc différentes formes. Selon l'approche préconisée par Tani et al   .
La "culture du mouvement" est liée au développement moteur. En d'autres termes, sans un apprentissage moteur adéquat, il n'y aurait pas de base pour la pratique d'activités sportives, de gymnastique ou de danse spécifiques à cette culture. Dans la ligne développementaliste, comme le souligne Daolio (2004, p. 19), avec lequel je suis d'accord, la proposition d'éducation "va de l'intérieur vers l'extérieur", en partant de l'individu, sans ajouter la compréhension que la culture est également "générée et constamment mise à jour dans les contextes où elle a lieu" (DAOLIO, 2004, p.20).

La critique marxiste est une approche très forte dans cette période de l'entrée du CCM. Pour eux, l'EP est la "matière scolaire qui traite pédagogiquement des thèmes de la culture corporelle, c'est-à-dire des jeux, de la gymnastique, de la lutte, de l'acrobatie, du mimétisme, du sport et autres" (CASTELLANI FILHO et al., 1992, p.18), afin de promouvoir la réflexion sur cette culture corporelle et de contribuer à "l'affirmation des intérêts de classe des classes populaires" (CASTELLANI FILHO et al., 1992, p.40). On assiste à une lutte des classes dans laquelle l'éducation serait un agent transformateur, formant des citoyens conscients, réfléchis, capables de revendiquer leurs droits et de réduire/combattre les inégalités promues par le régime capitaliste libéral.

Encore une fois, je suis d'accord avec Daolio (2004, p.23) qui, lorsqu'il analyse la compréhension de la culture donnée par la perspective critique-supervision, considère qu'elle a une vision restreinte de la culture, uniquement en termes d'accumulation de connaissances, ce qui est nécessaire pour surmonter une condition sociale et de classe défavorable. Elle n'avance pas l'idée que "les connaissances produites par les êtres humains tout au long de leur histoire sont actualisées et re-signifiées dans la dynamique quotidienne de leur vie". L'auteur affirme également que "tout être humain peut être considéré comme potentiellement capable de produire de la culture" (DAOLIO, 2004, p.23).

Les propositions du PPREF, avec un biais culturel pour justifier les activités d'EP, sont attrayantes, bien conçues, complètes et soutenues par une période où la société brésilienne réclamait la démocratie et le changement. Des changements étaient en effet nécessaires, mais le CCM, qui est hégémonique dans les cours d'éducation physique (EP) de l'enseignement supérieur et dans les documents officiels relatifs à l'EP, n'est pas mis en œuvre de manière efficace dans le contexte de la pratique scolaire (MAINARDES ; MARCONDES, 2009).

Darido (1999, p.140) observe que l'ICN n'a pas réussi à s'imposer comme hégémonique dans la pratique de l'EP comme elle l'a fait dans d'autres contextes :

> Il semble y avoir un certain consensus parmi les chercheurs sur le fait que l'éducation physique au collège devrait se concentrer sur les connaissances "théoriques", c'est-à-dire fournir des éléments garantissant l'autonomie de

l'élève et sa réflexion sur la culture corporelle des mouvements, bien que cela ne soit pas souvent le cas dans la pratique.

A la lumière de ce que Mainardes et Marcondes (2009) et Darido (1999) ont dit, je voudrais souligner qu'aucun curriculum n'a la capacité d'être simplement *"mis en œuvre"*. Le discours hégémonique, qui vise une éducation globale homogène conforme à ses intérêts, subit nécessairement des traductions[2] . Dans ce processus de traduction, de nouveaux textes et de nouveaux contextes sont créés, même dans un scénario qui est censé être rigide et contrôlé.

Lopes (2006, p.39), en discutant de la dimension globalisante de l'éducation, dans laquelle il semble y avoir, dans différents États-Nations, via les réformes éducatives, un appel à une forme unique d'éducation - l'entreprise -, souligne que les politiques de curriculum sont développées simultanément dans un processus "global et local", qui impose certaines conceptions communes, mais ouvre également un espace pour la réinterprétation, la modification, une lecture différente des normes précédemment établies.

Un exemple de traduction et d'ouverture d'un espace de " réinterprétation " en éducation physique est la question du sport. Même si elle a été vidée de son importance par le groupe PPREF, qui a tenté de faire entrer les discussions sur le sport dans la classe en ne soulignant que ses aspects négatifs, on constate qu'elle est encore très présente dans les projets des enseignants d'EPS. Macedo (2014, p.57), en défense du sport scolaire, dit que les "prescriptions idéalistes" du PPREF de pratiques curriculaires non appréciées par les enseignants peuvent être l'une des raisons pour lesquelles le sport apparaît dans la recherche comme le contenu hégémonique de l'EP.

A travers le regard attentif que je porte en tant que professeur d'EPS qui enseigne depuis plus de 15 ans dans les écoles publiques, j'ai observé un autre

---

[2] J'utilise ici le concept de traduction de la conception post-structurale qui, contrairement aux conceptions structurelles de la recontextualisation, dans lesquelles quelque chose - le programme d'études - est pris d'un contexte et déplacé dans un autre, en y ajoutant ou non des facteurs positifs, travaille avec l'idée de re-signification. En d'autres termes, sur la base du langage, on comprend qu'il existe une circulation de signifiants qui peuvent être transformés à tout moment et recréés discursivement. Ainsi, selon cette perspective, tout curriculum, dans le processus de traduction, est recréé et re-signifié plutôt qu'altéré.

problème qui plaide contre l'affirmation de l'ICN dans les écoles, même après plus de 25 ans d'hégémonie du PPREF dans ce domaine. Pour une raison quelconque, qui nécessiterait sans doute une étude plus approfondie, je me rends compte que les professeurs d'éducation physique ont des difficultés à mettre en œuvre les pratiques culturelles proposées par l'ICN. Souvent, pour citer mon propre cas en tant qu'enseignant, je lis les directives officielles des programmes - les programmes minimums - mais je ne les comprends pas ou je les considère comme très abstraites et liées à la salle de classe et, franchement, je ne les suis pas.

Peut-être que, dans sa tentative de donner une nouvelle forme à l'EP, le PPREF a créé une crise d'identification de ce que signifie être un professeur d'éducation physique à l'école au Brésil. Voici quelques questions sur l'EP sur lesquelles je reviendrai plus tard : Après tout, comment ne pas travailler avec le sport, par exemple, qui est plein de signification sociale ? Pourquoi ne pas travailler avec le sport en EP si on peut aussi l'utiliser de manière positive ? Comment procéder à de *nouvelles* propositions pédagogiques et culturelles ? Au nom de la pédagogisation, les pratiques de l'EP ne sont-elles pas trop *liées à la* salle de classe ?

L'éducation physique et son identité : Quelques considérations

Dans un bref rappel de ce qui a été discuté jusqu'à présent, je voudrais souligner une caractéristique importante de l'EP : le **MOUVEMENT**. A l'exception, comme nous l'avons vu, du Brésil Impérial/Première République, où une élite, imprégnée des valeurs d'une société esclavagiste, émettait des réserves préjudiciables sur l'exercice physique - en particulier à l'égard des femmes - au sein de l'école, tous les autres moments de notre histoire - pour des raisons différentes - placent la responsabilité de l'EP sur le Mouvement, c'est-à-dire la pratique d'une grande variété d'exercices physiques dans les établissements d'enseignement.

Que ce soit à des fins de détente des corps (Jésuites et éducation industrielle), de santé publique (médecins hygiénistes), de défense de la patrie, de la nouvelle race brésilienne et de renforcement des travailleurs au nom de l'ordre et du progrès (militaires) ou encore de justification culturelle et d'utilité sociale (Pensée pédagogique renouvelant l'éducation physique), le mouvement fait *viscéralement* partie de l'éducation physique à l'école.

Cependant, au nom de la revalorisation des Mouvements d'EP, je souligne que le PPREF aboutit paradoxalement à l'*enfermement des corps* dans la classe. Les pratiques pédagogiques préconisées par ce groupe tendent systématiquement à générer une *production pédagogique de la* part des élèves. En d'autres termes, chaque thème travaillé doit faire l'objet d'une production finale (présentation de travaux ; réalisation de fresques murales, entre autres), ce qui a pour effet de priver les élèves de moments importants de leur expérience motrice.

Je voudrais souligner que la nécessité d'affirmer l'éducation physique par la raison et l'utilité sociale n'est peut-être pas la meilleure façon de la valoriser en tant que matière scolaire. Je suis d'accord avec le discours du PPREF qui s'oppose à l'idée de *faire pour faire et* qui considère le mouvement comme faisant partie d'une relation culturelle, intégrée dans nos vies d'êtres sociaux. Avec quelques mises en garde, je citerai maintenant Bracht (1997, p.16) :

> L'éducation physique [...] c'est le mouvement du corps - ce qui lui donne sa spécificité au sein de l'école. Mais le mouvement corporel ou mouvement humain qui en est l'objet n'est pas n'importe quel mouvement [...] c'est un mouvement humain doté d'une certaine signification qui lui est donnée par le contexte historico-culturel. Le mouvement qui fait l'objet de l'éducation physique est celui qui se présente sous forme de jeux, d'exercices de gymnastique, de sport, de danse, etc. Ces mouvements ne sont pas la propriété exclusive de ce domaine ou de cette pratique pédagogique ; au contraire, l'éducation physique s'est plus ou moins emparée de ces activités corporelles en les pédagogisant (ou en voulant les pédagogiser).

La fin de la citation de Bracht (1997) appelle à la réflexion. Je comprends que l'EP doit avoir son propre ensemble de connaissances et que les éducateurs doivent suivre une base théorique pour cela, mais la théorie doit être insérée dans la pratique, sans que la salle de classe ait besoin d'être surutilisée afin de "pédagogiser les activités corporelles". Je condamne ce que j'appellerai les *excès pédagogiques*. Nous (les enseignants) devons veiller à ce que la salle de classe ne soit pas, quelle que soit la tranche d'âge des élèves, plus importante que des espaces tels que la cour d'école et la cour de récréation. Je défends une alternative qui non seulement a le pouvoir d'améliorer l'éducation physique à l'école, mais aussi, comme le souligne Lovisolo (1997), peut améliorer l'école elle-même. Je crois en l'éducation physique de la *pratique pour le plaisir, l'*EP pour le plaisir de la pratique, pour le langage du goût. Une EP avec la base théorique défendue par le PPREF, insérée dans un corpus de connaissances ; ayant ses actions planifiées et bien organisées et valorisant les éléments de notre Culture Corporelle, mais sans les *excès pédagogiques* qui font de l'EP une matière comme une autre et qui, en utilisant le langage des élèves eux-mêmes, devient une matière "ennuyeuse" de plus.

CHAPITRE 2 : L'ÉDUCATION PHYSIQUE EN *DEVENIR PAR*

PLAISIR Éduquer aussi par l'esthétique

Traditionnellement, et c'est un héritage de la modernité qui perdure encore aujourd'hui, l'éducation est dispensée pour des raisons éthiques et morales. Je comprends qu'il existe une naturalisation selon laquelle les connaissances à enseigner/apprendre dans les écoles doivent respecter des normes éthiques, être socialement utiles et préparer les jeunes au marché du travail. Ces normes sont importantes et valables, mais le fait de se concentrer uniquement sur ces éléments nous éloigne d'une autre perspective sur l'éducation : l'esthétique.

Ma compréhension de l'esthétique est basée sur les discussions faites par Hermann (2005, p. 25), qui souligne que le terme esthétique ne se réfère pas seulement à l'apparence, " il signifie sensation, sensibilité, perception par les sens ou connaissance sensori-sensorielle ". Lovisolo (1997, p. 65) collabore avec le sens donné par Hermann (2005) lorsqu'il dit que l'esthétique est "un ensemble de discours qui discutent du goût et du plaisir en se basant sur les sens".

Selon Hermann (2005), l'esthétique a toujours fait obstacle au rationalisme rigide. Au fil du temps, comme le souligne l'auteur, l'éducation, qui a toujours valorisé, et valorise encore, l'unité et l'homogénéité, au détriment de la pluralité, fondée sur Dieu puis sur la raison, est remise en question, d'une part, lorsque les attentes émancipatrices de la modernité ne se réalisent pas - "et que la grande tradition éthique universelle est soumise à la critique et à la déconstruction" (p.18) - et, d'autre part, comme le poursuit l'auteur, "lorsque le processus éducatif constate que les conditions ne sont pas réunies" (p.19).) - et, d'autre part, poursuit l'auteur, "lorsque le processus éducatif constate qu'il n'a pas les conditions pour réussir" (ibid. id.).

Comme Hermann (2005), je pense que l'esthétique est une forme de **déconstruction**[2] **des** vérités universelles modernes, dans laquelle " l'acte éducatif a toujours dépendu d'un fondement qui lui permettrait de justifier sa signification éthique " (HERMANN, 2005, p.13). L'esthétique remet en question le principe éthique universel de

[2] J'ajoute ici le concept de déconstruction créé par l'auteur français Jacques Derrida. Comme Hermann, Derrida remet en question les naturalisations apportées par la modernité et, comme le souligne Meneses (2013) en analysant le concept de l'auteur français, il travaille sur l'idée de la déconstruction comme une tentative de réorganiser, d'une certaine manière, la pensée occidentale face à une variété hétérogène de contradictions discursives non logiques et d'inégalités de toutes sortes. Déconstruire et ne pas accepter les logiques qui tendent vers des vérités.

modernité et ajoute à l'"acte éducatif" l'action pour le plaisir, pour le simple plaisir de faire les pratiques qui se déroulent dans l'environnement scolaire. La déconstruction dont je parle, et que Hermann cite, se fonde sur la pluralité et la multiplicité des jeux de langage. C'est par le langage que se construit discursivement tout *fondement universel qui* articule " éléments linguistiques comme éléments non linguistiques " (LACLAU, 2013, p.47). De même, c'est par le langage que ce *fondement* peut être déconstruit.

J'affirme que l'éducation par l'esthétique est puissante. Si vous demandez à un enfant, ou même à des jeunes ou à des adultes, pourquoi ils jouent au football à l'école, vous obtiendrez des réponses telles que : "Parce qu'on aime ça". Bien que le sport, le football, offre la possibilité de travailler les valeurs morales/éthiques du respect des règles, de la discipline, du mérite de l'engagement, que tout professeur d'éducation physique connaît si bien, pour ceux qui le pratiqueront (enfants, jeunes, adultes), plus que toute valeur morale pouvant être apprise du jeu, en fait, ce qui les motive est le plaisir de jouer.

> L'émergence de l'esthétique montre que les forces de l'imagination, de la sensibilité et de l'émotion sont plus efficaces pour l'action que la formulation de principes abstraits ou tout fondement théorique de la morale (HERMAN, 2005, p.13).

Il est nécessaire de surmonter - de déconstruire - les répressions qui nous sont imposées, en tant que sujets sociaux, tout au long de notre existence. Je me rends compte que cela s'enracine, surtout dans la culture occidentale universalisante, dans une norme où viennent d'abord l'obligation : le devoir ; le travail - toujours dans un environnement sérieux - ; la responsabilité et ensuite, s'il reste du temps, les loisirs : l'amusement ; la sensation de plaisir ; la fraternisation. Nous vivons dans des sociétés où s'amuser au travail ou prendre du plaisir au travail semble étrange ou n'est un privilège que pour quelques-uns. Des sociétés dans lesquelles une personne, même si elle est mince, commettrait un *péché* si elle mangeait une friandise savoureuse, qui lui procurerait un énorme plaisir, à cause du contrôle personnel et social de son apparence ; dans lesquelles porter une tenue plus colorée, qui pourrait être une source de joie, devient un doute cruel à cause des jugements sociaux sur le caractère approprié ou non de cette tenue.

C'est ce que semble faire l'école lorsqu'elle impose la façon dont les élèves doivent s'habiller - je veux parler des uniformes scolaires - ; la façon dont ils doivent se comporter en classe - de préférence dans le silence le plus complet et sans remettre en question ou *enlever l'autorité des* enseignants - ; la façon dont ils doivent se comporter pendant les pauses - les enfants ne doivent pas courir dans la cour de récréation parce qu'il y a un risque d'accident -. Le **non** semble être un terme récurrent dans les institutions éducatives. Elles sont dominées par l'éthique et la morale, où les sentiments sont réprimés et mis en veilleuse. Peut-être peuvent-ils se manifester dans des cours *moins importants* comme l'éducation artistique, l'éducation musicale ou l'éducation physique.

> Il n'y a plus de raison de croire en un fondement absolu de l'éthique, ni de croire que l'action éducative fondée sur la philosophie de la conscience, avec sa tendance inhérente à la domination, puisse réellement assurer la réalisation de l'homme autonome. L'unité du sujet s'est faite au prix de l'exclusion et de la répression (HERMANN, 2005, p.19).

Lovisolo (1997) affirme que les significations des actions humaines ont besoin d'un langage pour les exprimer. À ce titre, il considère trois langages dominants dans notre société que nous utilisons pour comprendre et guider nos actions : le langage des normes, le langage de l'utilité et le langage du goût. Plus loin, il souligne que les langages de la norme et de l'utilité, que l'on pourrait associer à l'éducation éthique évoquée par Hermann (2005) - les principes directeurs de l'école traditionnelle - commencent à ne plus répondre à toutes les demandes des élèves. Il y a, dans le processus éducatif universaliste - castrateur et préjudiciable - sans doute, comme l'a dit Hermann (2005) dans les paragraphes précédents, "l'absence de conditions de réussite"

Les élèves commencent à remettre en question, par exemple, les discours sociaux sur l'éducation qui justifient les études en vue d'une utilité future sur le marché du travail. Or, comment suivre cette norme de l'étude pour la promotion sociale si "les enfants regardent autour d'eux et voient que beaucoup de gagnants ont de mauvais résultats scolaires" (LOVISOLO, 1997, p.70) ? Ces exemples se retrouvent sans doute partout, à la télévision, dans le sport, dans les arts, mais aussi dans la boulangerie du quartier, chez le garagiste, chez le bookmaker. D'un autre côté, ironiquement, nous avons l'ingénieur qui est chauffeur de taxi et l'enseignant qui proteste contre son maigre salaire.

Lovisolo (1997) poursuit en disant que les normes et l'utilité de l'école sont remises en question et brisées. Il y a une dévalorisation de l'école et de ses règles, une rupture de l'ordre scolaire où les enseignants et les pédagogues ont du mal à agir face au désintérêt des élèves. Les élèves ne se soucient pas, par exemple, d'être mis à la porte de la classe parce qu'ils ne sont pas intéressés par l'apprentissage des logarithmes en cours de mathématiques. Après tout, à quoi bon étudier ?

Je suis d'accord avec l'auteur lorsqu'il dit que c'est par le langage de l'esthétique que nous, enseignants, pourrons revaloriser l'espace scolaire. Lovisolo (1997) souligne que cela ne sera possible que lorsque les enseignants se réinventeront, réfléchiront à l'utilité du contenu de leurs matières et qu'ils développeront, par l'expérimentation, le langage du goût chez les enfants, les jeunes et les adultes. Pour lui, nous - les enseignants - devons augmenter la "capacité des élèves à être étonnés, surpris et ravis par la connaissance en général, et pas seulement par la connaissance scientifique ou les arts" (LOVISOLO, 1997, p.76). Il insiste également sur le fait qu'il est important que les enseignants contribuent à donner le goût de leur matière et que le développement de ce goût est aussi leur tâche.

Le processus de revalorisation de l'espace scolaire impliquerait, selon les idées de l'auteur, et avec lesquelles je suis d'accord, de vivre l'absence d'école comme une grande perte. L'école doit être un lieu où les élèves, en priorité, *aiment* être. De cette manière, par l'esthétique, par le goût, les règles seraient plus respectées et auraient plus de force. Comme nous l'avons vu, il est nécessaire de combiner les langages de l'utilité et du goût, qui émeuvent les gens, pour y parvenir. Il ne s'agit donc pas d'abandonner les critères éthiques - de cesser d'être guidé par une idée du bien - mais aussi d'ouvrir des possibilités d'éducation à l'esthétique, au langage du goût.

L'éducation physique des jeunes et des adultes et l'éducation par l'esthétique

J'aimerais commencer cette section en faisant une observation sur la relation entre la vie scolaire de l'élève et l'apprentissage par l'esthétique dans les cours d'éducation physique. Dans les cours d'éducation physique, aux premiers stades de l'éducation scolaire, les élèves sont particulièrement *attirés par l'*esthétique, dans laquelle "le but du processus éducatif serait de développer une personnalité originale, créative, authentique et expressive" (LOVISOLO, 1997, p.35). Les cours d'éducation physique à ce stade de la scolarité sont éminemment pratiques. La sensibilité, les sentiments et les émotions devraient être au centre de l'action pédagogique. Cependant, lors de la transition vers l'adolescence et l'âge adulte, en particulier dans l'enseignement secondaire, l'apprentissage par la morale/l'éthique ou l'utilité devient le principe directeur de l'éducation et la pratique en classe prend de plus en plus d'importance en éducation physique.

Dans l'EJA, suivant la feuille de route de l'enseignement secondaire, je crois que, pour l'essentiel, la salle de classe est devenue une norme consensuelle entre les élèves et les enseignants dans les cours d'éducation physique. Il n'y a pas de place pour la conquête de l'esthétique dans un enseignement d'entreprise, visant à former au marché du travail, ce qui est le cas de l'EJA, selon la LDB elle-même (1996).

D'après le *texte* ci-dessus, il semble que l'éducation par le langage du goût disparaisse au fil des ans. Il existe une règle claire dans les cours d'éducation physique selon laquelle le plaisir - et l'apprentissage par ce biais - n'est autorisé que pendant l'enfance. J'aimerais poser la question suivante : pourquoi suivre cette norme dans les cours d'éducation physique et sportive ? Pourquoi suivre cette norme dans nos vies ?

Je considère l'EP comme une discipline, au même titre que l'éducation artistique ou l'éducation musicale, avec un énorme potentiel pour éduquer par les sens, par la jouissance, par le plaisir de faire l'activité, surmontant ainsi la barrière du rationalisme pur ou de la servilité sociale imposée par une éducation moderne et traditionnelle, qui est devenue hégémonique, y compris dans l'EP, à travers les articulations discursives faites par le PPREF.

Par conséquent, dans le processus de revalorisation de l'école, je pense que l'EP a un rôle prépondérant parce que c'est une discipline qui traite directement des goûts, des sensations, des plaisirs et des déplaisirs. Elle est créditée et autorisée pour cela par le potentiel formateur de ses pratiques : le jeu, le ludique et le sportif. J'ajouterai, à l'instar de Lovisolo (1997, p.80), que les objectifs particuliers de santé, d'initiation sportive et de développement moteur, entre autres, " doivent être soumis et englobés par l'objectif primordial de valorisation de l'école ". En d'autres termes, si l'EP doit se justifier, qu'elle le fasse, en priorité, et en opposition aux auteurs du PPREF, par le langage de l'esthétique, du goût, par son importance pour faire de l'école un lieu où les élèves aiment être.

Une fois de plus, je m'inquiète des dérives pédagogiques engendrées par les propositions du CCM et des cours d'éducation physique souvent *ennuyeux* dans les classes. Souvent, surtout dans les premières années, les élèves ne comprennent pas que les cours sont des cours d'éducation physique et demandent : "On ne va pas faire de l'éducation physique aujourd'hui ? Je vois ces manifestations comme un refus de ne pas agir pendant les cours d'éducation physique, de rester avec leur corps discipliné dans le régime souvent nécessaire qui est mis en place dans la salle de classe. Les cours d'éducation physique doivent être différents, libérer les corps, afin que l'éducation par le goût puisse se manifester. Je le dis en incluant l'EJA.

Je vois l'EP, même avec les dérives induites par la pédagogisation de ses pratiques, toujours comme la matière scolaire que les élèves aiment. Même si cela ne fait pas l'unanimité, je crois que cela touche une grande partie des élèves, et il y a une compréhension de cela au sein de l'école, qui se reflète dans les propos des enseignants des autres matières et des coordinateurs pédagogiques : *C'est facile pour vous d'enseigner l'éducation physique, les élèves aiment ça. J'aimerais vous voir, vous les professeurs d'éducation physique, à notre place, supporter les élèves en classe. Professeur, je vais retirer les cours d'éducation physique de la classe, ils sont trop turbulents, je dois leur retirer quelque chose qu'ils aiment.* Alors - professeurs d'éducation physique - prenons la position d'éduquer par le langage du goût.

Je ne minimise pas tous les efforts faits par les défenseurs du PPREF dans leur quête de démocratisation des pratiques d'EP ou même dans leur importante recherche de contenus d'EP liés à notre culture, mais je crois que l'argument de l'éducation par le goût, avec toute la base théorique que les éducateurs devraient avoir, est quelque chose de plus puissant et nécessaire pour promouvoir un nouveau changement dans l'histoire de l'EP et de l'école elle-même.

Il convient ici de souligner la recherche ethnographique menée par Macedo (2014). L'auteur y rapporte ses impressions sur deux cours différents dispensés par des professeurs d'éducation physique dans des écoles publiques de la municipalité de Rio de Janeiro. Il observe que l'un des enseignants a adopté une méthodologie davantage associée au langage des normes/utilités et s'est énervé, tenant des discours sur la pertinence de la pratique proposée aux jeunes lorsqu'ils n'atteignaient pas les objectifs proposés ou lorsqu'ils n'étaient pas intéressés par l'activité proposée. Selon Macedo (2014), avec cet enseignant, les élèves commençaient les cours heureux et les terminaient tristes. L'autre enseignant, selon son récit, avait des pratiques répétitives étroitement liées au sport. Même si elles n'étaient pas très élaborées et qu'il n'y avait pas d'intervention directe de l'enseignant, les conflits étaient moins fréquents et tout le monde commençait et quittait la classe heureux.

> [...] le jugement de goût est un jugement réflexif, différent du jugement de connaissance, dit déterminant ; il n'a pas son fondement dans le concept, mais exprime seulement le plaisir que le sujet éprouve devant un objet. Dans le jugement de goût, le prédicat n'est pas le résultat d'une connaissance et est motivé par des sentiments. (HERMANN, 2005, p.27)

Je n'essaie pas d'établir une dichotomie ici : Culture corporelle du mouvement vs. éducation physique esthétique et de prétendre qu'une pratique est meilleure que l'autre, mais je tiens à préciser que les cours d'éducation physique devraient valoriser le langage du goût. Il ne s'agit pas de nier le langage de l'utilité/norme ou le contenu du MCC, mais de s'assurer que les élèves quittent les cours d'EP *heureux, en* promouvant des activités qui suscitent l'intérêt et le plaisir. *C'est* la grande contribution que l'EP peut apporter à l'école dans la recherche de sa revalorisation.

Mais comment l'esthétique, le goût, peuvent-ils être une priorité dans des classes EFL/YA, avec des classes très hétérogènes, si le goût est quelque chose d'individuel ? En ce qui concerne cette question, Lovisolo (1997) apporte sa contribution en réfléchissant au paradoxe lié au langage du goût. Si le goût est profondément individuel, il est aussi largement partagé. Il cite à titre d'exemple les films à grand succès au cinéma, les livres à succès ou encore les grandes foules des clubs de football. Selon lui, "le goût a non seulement une fonction de construction de l'identité personnelle" (LOVISOLO, 19997, p. 92) mais aussi de construction des identités collectives, "base des affinités, des rencontres, de la sociabilité et donc base du collectif" (id.).

Par conséquent, pendant les six mois de l'EF/EJA - la période pendant laquelle les cours de l'EF ont lieu au cours des deux années de cours de l'EJA, comme déterminé par le secrétaire à l'éducation de l'État de Rio de Janeiro (l'État étudié pour ce livre) - les élèves ont l'occasion d'expérimenter des pratiques en classe qui les font réfléchir, par exemple, sur le soin qu'ils doivent apporter à leur santé et à leur qualité de vie, mais ils peuvent aussi expérimenter des pratiques agréables, y compris celles liées à la santé et à la qualité de vie, qui promeuvent l'action et éduquent à travers l'esthétique. Enfin, l'éducation par l'esthétique et l'action ne doit pas cesser d'être une priorité dans l'EJA, et il ne faut pas créer des *étiquettes* disant que les étudiants de l'EJA sont incapables d'être éduqués de cette manière.

Pour conclure cette discussion, j'inclurai un extrait des études de Macedo (2014, p.93) :

La situation brésilienne et le débat mondial sur la différence et l'esthétique sont propices à ce que l'EP puisse jouer un rôle de premier plan dans les changements dont l'école a besoin.

CHAPITRE 3 : ÉDUCATION DES JEUNES ET DES ADULTES

Un bref historique

Il n'y a pas si longtemps, l'éducation brésilienne était clairement différenciée en fonction du statut socio-économique des sujets. Ainsi, les *moins aisés* recevaient une *éducation* minimale orientée vers le travail dans l'agriculture et l'industrie, contrairement aux *plus aisés qui avaient accès* à l'éducation formelle, le plus souvent dans les écoles publiques. Pendant des années et des années, le Brésil a mené une "politique de formation" à l'égard des *moins nantis* (CRUZ et al., 2012, p.1).

Le début de l'attention portée à l'éducation des jeunes et des adultes au Portugal est né des besoins imposés par le développement industriel. Comme nous l'avons déjà vu, il était nécessaire de réorganiser le processus de travail et, de cette manière, un changement d'attitude et d'intérêt s'est amorcé en ce qui concerne la formation (l'éducation) des nouveaux travailleurs. Par la suite, avec la fin de l'Estado Novo, un processus de re-démocratisation a eu lieu au Brésil, dans lequel la réduction de l'analphabétisme a été inscrite à l'ordre du jour des obligations de l'État-nation.

Comme le soulignent Cruz et ses collègues (2012) dans leurs études sur les politiques éducatives pour les jeunes et les adultes, c'est dans la période post Estado Novo qu'est apparu le premier projet éducatif destiné à un public cible d'adultes analphabètes : la Campagne pour l'éducation des adolescents et des adultes (disparue en 1963), qui visait principalement les zones rurales. Comme les auteurs, je pense que cette initiative a marqué le début du dépassement du "préjugé selon lequel les adultes n'avaient plus besoin d'apprendre à lire et avaient déjà trouvé leur place dans le monde" (CRUZ et al., 2012, p.2).

Mais cette idée s'est heurtée à un obstacle majeur lorsqu'elle a été confrontée au coup d'État militaire de 1964, qui a exilé Paulo Freire - de tendance socialiste - qui était jusqu'alors chargé de développer le programme national d'alphabétisation, rôle qu'il avait obtenu grâce à son succès dans le domaine de l'alphabétisation des adultes, et a institué un programme appelé Mouvement brésilien d'alphabétisation (MOBRAL). Selon Cruz et ses collaborateurs (2012, p. 2), l'objectif du MOBRAL "était uniquement l'alphabétisation fonctionnelle - sans appropriation de la lecture et de l'écriture - pour les personnes âgées de 15 à 30 ans".

La nouvelle proposition pédagogique de Paulo Freire pour l'éducation des jeunes et des adultes, qui prenait en compte l'expérience et la réalité de l'apprenant, qui devait être un participant actif dans le processus éducatif, a été temporairement reportée et est ensuite devenue la référence nationale, jusqu'à aujourd'hui, sur la manière de procéder pour éduquer les jeunes et les adultes, en particulier ceux qui sont analphabètes.

Un point important à souligner est la création, en 1971, du Centre d'études complémentaires (CES), qui "offrait la possibilité d'une certification rapide mais superficielle, avec un enseignement technique et autodidacte" (CRUZ et al., 2012, p.2). Cependant, ce n'est qu'après la fin du régime militaire et la promulgation de la Constitution de 1988, garantissant l'enseignement primaire gratuit et obligatoire **pour tous,** que le gouvernement a pris des mesures efficaces pour promouvoir l'éducation des jeunes et des adultes.

La Lei de Diretrizes e Bases da Educação (BRASIL, 1996), en ce qui concerne l'EJA, intègre dans son texte, comme le préconisait Paulo Freire, la valorisation de l'expérience extrascolaire de l'élève et garantit, comme le détermine la Constitution de 1988, la gratuité de l'enseignement primaire pour ceux qui n'y ont pas eu accès à l'âge voulu. Cruz et collaborateurs (2012, p.3) soulignent que l'éducation complémentaire, depuis le LDB (1996), s'appelle Éducation des Jeunes et des Adultes (EJA) "et a pris un sens plus large : préparer et insérer ou réinsérer l'étudiant dans le marché du travail"

Après tout, qui sont les élèves de l'éducation des jeunes et des adultes ?

Selon l'avis du CNE n° 11/00 (Brésil, 2000) :

[L'éducation des jeunes et des adultes (EJA) représente une dette sociale non réparée envers ceux qui n'ont pas eu accès à la maîtrise de l'écriture et de la lecture en tant que biens sociaux, à l'école ou en dehors, et qui ont été la force de travail employée dans la constitution des richesses et l'élévation des travaux publics.

Marconato et ses collaborateurs (2014), corroborant ce qui a été exprimé dans l'avis ci-dessus, discutent des sujets sociaux marginalisés d'une manière ou d'une autre, que ce soit en termes économiques ou éducatifs, qui constituent les classes EJA. Les auteurs ajoutent que ces personnes ont été privées de l'accès à la culture éducative et occupent des emplois non qualifiés parce qu'auparavant, en raison de leurs conditions de vie et de leurs obligations, elles ont abandonné l'enseignement ordinaire pour travailler et aider à soutenir leur famille. Ils soulignent que " certains portent la marque de l'exclusion sociale qui les a éloignés de l'école, car les inégalités sociales pèsent lourdement sur les inégalités scolaires " (MARCONATO et al., 2014, p.4).

On pourrait supposer, d'après ce qui a été dit jusqu'à présent, que les élèves des classes EJA sont principalement des adultes qui, pour une raison ou une autre, ont été empêchés d'entamer ou de poursuivre leurs études dans l'enfance ou l'adolescence au nom de la survie. Cependant, Gunther et ses collègues (2013, p.18) signalent un nombre croissant d'adolescents dans les classes EJA en même temps, ce qui, selon eux, déqualifie le "rôle original de ce type d'enseignement" et modifie le profil des étudiants qui le composent.

Pour Gunther et ses collaborateurs (2013, p.17), l'EJA représente une "plaie ouverte dans notre système éducatif", car, selon eux, ce que nous avons aujourd'hui est, dans une large mesure, dans le cas de l'enseignement primaire, un format d'enseignement/apprentissage qui sert les adolescents qui abandonnent leurs études après des répétitions successives et considèrent l'EJA comme un moyen rapide de terminer cette étape de l'éducation régulière.

Peu à peu, l'EJA perd sa caractéristique initiale de servir les jeunes et les travailleurs adultes et devient un " raccourci " pour terminer l'école élémentaire (GUNTHER et al., 2013, p.17).

L'identification de ce que sont les classes EJA est sans aucun doute en cours de transformation. En ce sens, Reis (2011) évoque la difficulté de créer une identité pédagogique pour les classes EJA, en raison de l'*invasion* croissante *d'*adolescents :

> [...] l'un des facteurs qui a entravé la construction d'une identité pédagogique pour l'EJA et son adaptation aux caractéristiques spécifiques de la population à laquelle elle est destinée est le fait que ce public est de plus en plus jeune et urbain, conséquence de la dynamique de la scolarisation brésilienne et des pressions du monde du travail. (REIS, 2011, p.42)

Si l'on ramène la discussion à l'EJA/école moyenne (EM), qui fait l'objet de ce livre, je comprends qu'il puisse y avoir un cas similaire dans l'EM à ce qui se passe dans l'EJA/école élémentaire. Au fil des ans, en tant qu'enseignant de ce type d'enseignement/apprentissage, j'ai remarqué que les élèves qui n'abandonnent pas l'école après des échecs successifs recherchent la voie plus rapide et *moins exigeante* de l'EJA, alors qu'ils sont encore dans la phase de transition entre l'adolescence et l'âge adulte (18 ans). J'utilise l'expression *"moins exigeant"* parce que je comprends que les enseignants qui travaillent avec ce groupe d'élèves sont plus *souples en* ce qui concerne les évaluations, et qu'il semble même y avoir une plus grande pondération des questions sociales et émotionnelles lors de la définition des évaluations finales bimestrielles. J'ajouterais également que c'est une façon pour l'école de se débarrasser des différences et des *élèves à problèmes* qui ne s'intègrent pas dans l'homogénéité de l'enseignement ordinaire.

Les questions liées au *profil des* étudiants EJA sont examinées plus en détail au chapitre 5, où je présente l'étude sur le terrain.

Éducation des jeunes et des adultes et éducation physique

Comme on peut s'y attendre, les études et les livres de l'éducateur Paulo Freire ont influencé plusieurs auteurs de l'EFE. Dias Junior (2009, p.6), par exemple, préconise l'utilisation de la méthodologie du travail collectif. Les étudiants et les enseignants décident ensemble des thèmes qui génèrent les leçons, respectant ainsi la "pratique sociale des étudiants". Marconato et collaborateurs (2014, p.3), comme Dias Junior, considèrent qu'il est intéressant de profiter des propres expériences des élèves dans les cours d'éducation physique, afin de prendre en compte les connaissances des élèves, dont la plupart proviennent de milieux populaires, et aussi d'articuler, avec eux, des connaissances et des savoirs plus importants dans " une approximation avec les contenus de l'éducation physique scolaire ".

Cependant, la tâche pédagogique consistant à valoriser les connaissances de l'élève et à promouvoir une construction commune du contenu devient très compliquée lorsque d'autres questions pertinentes sont observées, telles que le peu de temps pour mener à bien cette tâche - seulement 6 mois de cours d'éducation physique sur les 2 années du *cursus* EJA - ; les classes, comme mentionné ci-dessus, qui sont très hétérogènes et peuvent avoir des intérêts très différents, outre le fait que les cours d'éducation physique ne sont pas obligatoires (garantis par la loi).

En ce sens, il est important de mentionner les directives et la loi de base de l'éducation nationale (LDB), qui ont été modifiées par la loi n° 10.793 du 1er décembre 2003. L'article 3 de la loi n° 10.793 garantit que l'éducation physique est obligatoire en tant que composante du programme scolaire et la rend facultative :

> Article 3 L'éducation physique, intégrée à la proposition pédagogique de l'école, *est une* composante curriculaire obligatoire de l'éducation de base, dont la pratique est facultative pour les élèves :
> I - qui travaille six heures ou plus ;
> II - plus de trente ans ;
> III - qui effectue un premier service militaire ou qui, dans une situation similaire, est obligé de faire de l'éducation physique ;
> IV - protégé par le décret-loi n° 1.044 du 21 octobre 1969 ; (inclus dans la loi n° 10.793 du 1er décembre 2003)
> V - (VETADO) (Inclus par la Loi n° 10.793, du 1°. 12. 2003)
> VI - (BRÉSIL, 2003)

Je suis d'accord avec le fait que l'éducation physique, garantie par la loi en tant que composante obligatoire du programme, même si elle n'est pas obligatoire dans de nombreux cas, devrait, par l'intermédiaire de ses éducateurs, planifier sa pratique de manière démocratique - en incluant les étudiants dans ces décisions - et dresser la liste des connaissances pertinentes pour six mois de cours, mais dans le cadre de cette procédure démocratique, je soulève les questions suivantes : Comment l'enseignant doit-il procéder ? Comment l'enseignant doit-il procéder ? Organiser différentes pratiques dans la même classe, répondant à des demandes différentes ?

Pour trouver des réponses à ces questions, j'ai recherché des études de chercheurs en EP/YA, mais je peux vous dire que, malgré mes efforts, la plupart des travaux trouvés consistaient à analyser ce qu'avait été le passé des élèves de l'EJA en EP jusqu'alors, sans se préoccuper de ce qui se faisait dans les classes à l'heure actuelle. Ainsi, ils ont constaté que le sport était le contenu hégémonique appris au cours de la vie scolaire des élèves et que, selon Gunther et ses collaborateurs (2013, p. 19), il existe, du point de vue des élèves, une compréhension de la matière de l'EP comme promouvant les ACTIVITÉS et qu'elle serait "peu liée à un ensemble de connaissances comme on l'attend d'une composante du programme d'études".

J'analyse que les différents auteurs que j'ai étudiés ont limité leur regard aux actions des professeurs d'éducation physique qui ont traversé la vie des élèves de l'EJA, cherchant ainsi à souligner les erreurs d'une éducation basée sur le sport, sans pertinence sociale, et indiquant la voie de l'ICN comme moyen de changer cette situation et de valoriser l'éducation physique à l'école.

En rupture avec la norme, j'aimerais souligner l'étude de Dias Junior (2009, p.8), qui affirme que la pratique pédagogique de l'EP pour les jeunes et les adultes doit dépasser la perspective archaïque et compensatoire de l'éducation des travailleurs. Bien que l'auteur n'analyse pas ce qui peut être fait ou ce qui a été fait dans les classes d'EP/YA, je suis d'accord avec lui lorsqu'il dit que "les élèves ne peuvent pas être considérés comme des "élèves-objets" à inclure dans le marché du travail" et que des activités ne devraient pas être *prescrites pour* alléger les routines de travail fatigantes. Selon lui, les élèves ont le droit d'accéder à toutes les connaissances issues des éléments qui composent la culture corporelle du mouvement.

Un point de l'étude de Gunther et collaborateurs (2013) mérite d'être souligné. Les auteurs y abordent les différentes conditions matérielles rencontrées dans les écoles publiques à l'échelle nationale, qui vont du manque absolu d'espace adéquat pour les cours d'EP, ce qui signifie que les enseignants sont limités à donner des cours théoriques ou, pire, qu'ils *fuient* ce fait pour ne pas assumer leurs responsabilités et chercher des pratiques alternatives en dehors de la salle de classe, à l'existence de gymnases intérieurs et de salles de gymnastique, qui, malgré les conditions favorables, ne sont pas une garantie de bonnes pratiques.

Indépendamment de l'engagement de l'enseignant dans l'acte d'éduquer, la précarité de nombreuses écoles publiques limite le travail des professionnels de l'éducation physique. Ce sont souvent les différences structurelles qui finissent par définir ce qui sera enseigné et comment. Ainsi, dans de nombreux cas, l'EP ne peut être "que le résultat de ce qui est possible compte tenu des conditions matérielles offertes" (GUNTHER et al., 2013, p.19).

Mazzotti et Pereira (2008, apud MARCONATO et al., 2014, p.4) résument l'EFE d'une manière peu encourageante :

> L'éducation physique *est* reléguée au second plan. Cela est dû au fait qu'elle est facultative selon la loi, au manque d'espaces favorables et à la hiérarchie des matières, qui considère que les plus importantes sont celles qui préparent les élèves au marché du travail.

Enfin, pour le moment, je ne peux pas trouver de réponses aux questions que j'ai posées précédemment, et je ne pense pas que je les trouverai d'ici la fin de cette étude, mais cela vaut la peine de s'interroger. Ce que je peux dire ici, avec l'expérience de plusieurs années d'enseignement public dans l'EJA, c'est que, quelles que soient les conditions de travail, il semble y avoir une naturalisation du fait que l'EP/l'EJA devrait suivre le contenu socialement pertinent du MCC et que les cours devraient être principalement théoriques. Nous reviendrons sur ce sujet plus tard dans le cadre du travail sur le terrain.

L'éducation physique des jeunes et des adultes et le programme scolaire : Quelques considérations

Jusqu'à présent, nous avons vu quelques considérations sur le format des cours pour jeunes et adultes - qui deviennent de plus en plus hétérogènes - ainsi que les observations des études des professionnels de l'EP travaillant avec l'EJA, qui ont souligné l'importance de prendre en compte les connaissances de l'élève dans les cours et ont également souligné que les pratiques visant uniquement à détendre les corps après la journée de travail ne devraient pas être prescrites. Mais à quoi devrait ressembler le curriculum de la FEJ/EJA ? Je pose cette question en considérant le curriculum comme une sélection de contenus - à réaliser avec la participation des élèves - et aussi comme une construction quotidienne, à travers tout ce qui se présente dans l'acte éducatif.

J'affirme ainsi que le programme d'études ne peut pas être *fermé, en* suivant uniquement les prescriptions d'organisations telles que les départements d'éducation municipaux ou nationaux - les programmes d'études minimums -. Ces prescriptions cherchent à affirmer le discours hégémonique du PPREF et peuvent[3] *plâtrer sur le* travail des enseignants, en leur enlevant, dans une tentative de contrôle par le biais, par exemple, de la sélection du matériel pédagogique et des évaluations internes/externes, l'autonomie du travail d'enseignement, réduisant souvent la créativité, l'inventivité et le respect des différences dans la salle de classe.

Ce n'est qu'avec un concept *ouvert de curriculum* qu'il est possible de répondre aux demandes de l'EJA, qui sont très hétérogènes, avec des sujets différents et des intérêts différents. Il est nécessaire de permettre l'**expérimentation**, les *essais et les erreurs* dans les choix faits par les éducateurs - qui sont autonomes - dans leurs

---

[3] J'aborde cette question plus en détail dans le **chapitre 5 : Recherche sur le terrain**, à **propos de l'enseignant "X"** (p.65).

stratégies lorsqu'ils entreprennent d'enseigner. Le curriculum ouvert ne limite pas les enseignants à *une seule voie ; au contraire, les* enseignants peuvent utiliser toutes leurs connaissances pour trouver *la meilleure voie.* Un *curriculum* qui prétend être *fermé* - parce qu'il ne l'est jamais, il y a toujours de la place pour les manifestations des différences - essaie de déterminer *le* chemin à suivre au moyen d'instruments - déjà mentionnés - tels que les livres d'enseignement, entre autres, essayant ainsi de transformer le travail d'enseignement, plein de prise de décision et d'étude continue, en enseignement technique, en **instruction.** Le programme, qui se veut *fermé,* finit par naturaliser, dans le cas des classes EJA, l'enseignement de l'éducation physique dans des cours théoriques, dans la salle de classe, en raison des *idées préconçues* qui imposent des limites aux élèves en raison de leur âge ou de leur condition physique, qui associent le travail quotidien à l'impossibilité de réaliser des cours pratiques et qui, enfin, associent l'EP, comme le fait le PPREF, uniquement à l'enseignement d'un contenu socialement pertinent.

À ce stade, je me tourne vers Pinar (2016), qui, en plus de traiter le curriculum comme une "conversation compliquée", va plus loin et ajoute le concept de curricula *currere,* "dans lequel le curriculum est expérimenté et vécu." Je pense que ce concept s'accorde harmonieusement avec ma compréhension du curriculum et du travail d'enseignement en EP et avec les classes EJA. Comme le souligne l'auteur, le terme *currere* est un verbe qui signifie " action, processus et expérience, contrairement au nom qui peut véhiculer l'idée de complétude " (PINAR, 2016, p.20).

Cela ne veut pas dire que le curriculum ne devrait pas être planifié ; je crois, comme Pinar (2016), que la planification et l'expérience sont entrelacées. Cependant, je suis critique à l'égard de l'EP, que je perçois comme excessivement pédagogisée, en particulier dans l'EJA, coincée dans la salle de classe et dans une seule façon d'agir de la part de l'enseignant. Nous devons investir davantage dans l'expérimentation, dans l'expérience, dans les négociations quotidiennes avec les étudiants - en respectant les principes énoncés par Paulo Freire - en vue de construire des programmes d'études qui incluent la théorie et la pratique, la réflexion et l'action.

En effet, *currere* met l'accent sur l'expérience quotidienne de l'individu et sur sa capacité à apprendre de l'expérience, à reconstruire l'expérience par la pensée et le dialogue afin de permettre la compréhension. Cette compréhension, obtenue grâce au travail, à l'histoire et à l'expérience vécue, peut nous aider à reconstruire notre propre vie subjective et sociale. (PINAR, 2016, p.20)

Je dis que l'expérimentation, les essais et les erreurs sont très importants pour l'acte éducatif des professeurs d'éducation physique et d'éducation à l'environnement. En tant qu'éducateurs, nous ne devrions pas avoir peur d'essayer des pratiques nouvelles et différentes, de nous en tenir à une seule "conversation" avec nos élèves et à des hypothèses ou des naturalisations qui entraînent des impossibilités négatives. Lors d'une conversation avec mon professeur superviseur, qui m'a aidé à rédiger la redoutable monographie lors de mes études de premier cycle, j'ai été frappé par l'une de ses paroles : Dans notre profession, nous ne devons pas avoir peur d'expérimenter, ne pas vivre avec des "si", essayer. C'est ainsi que j'essaie d'exercer mon métier, en n'ayant pas peur d'essayer, de parler aux étudiants, d'essayer démocratiquement de répondre aux différences et aux différents intérêts. Souvent, ce qui est proposé et testé avec une classe fonctionne et ne fonctionne pas avec d'autres, mais grâce aux essais et aux erreurs, à la réflexion, à la planification/ré-planification et à l'action, je me permets d'expérimenter de nouvelles choses dans les "conversations compliquées" constantes avec mes étudiants.

Il n'y a pas, bien sûr, de conversation disciplinaire unique, pas d'histoire unique. En outre, la conversation disciplinaire n'est guère maintenue dans une salle insonorisée. Des événements extérieurs au domaine - l'histoire nationale, les changements culturels, les événements politiques et même des environnements institutionnels spécifiques - influencent ce que nous disons les uns aux autres et à nos collègues dans les écoles. (PINAR, 2016, p. 56)

CHAPITRE 4 : POUR LA DÉFENSE DU SPORT À L'ÉCOLE

Le sport, oui, en tant qu'allié important de l'éducation physique à l'école

Le principal argument contre la pratique du sport à l'école est celui de l'exclusion. La signification du sport en tant qu'exclusion a été, et a été, construite par des auteurs qui soutiennent le PPREF depuis les années 1980 jusqu'à aujourd'hui.

Cette construction discursive a laissé quelques traces, dont l'ouvrage " L'enfant qui pratique le sport respecte les règles du jeu... capitaliste " (BRACTH, 1986). Dans cet ouvrage, ainsi que dans de nombreux autres textes produits par les auteurs du PPREF qui ont contribué à consolider leur hégémonie académique, le sport est considéré comme un contenu qui reproduit les inégalités sociales et contribue à l'*aliénation des* individus, empêchant leur émancipation en tant que citoyens conscients.

Ce discours était manifestement influencé par le marxisme et la pédagogie critique et sociale du contenu, qui associait le sport au régime militaire et le considérait donc comme un ennemi du peuple et de la démocratie. Le sport allait subir une transformation majeure dans le CCM - en gagnant le label pédagogique - apportant certains points négatifs dans les débats en classe, tels que la promotion de la violence que la compétition peut provoquer entre les joueurs et les fans, ou même les tentatives contraires à l'éthique de contourner les règles du jeu et de tromper les arbitres. Par conséquent, selon cette *logique, il serait* préférable de transformer le sport en quelque chose de coopératif - en changeant ses règles et son intention compétitive - ou de le remplacer par d'autres contenus de la culture corporelle du mouvement qui travaillent sur les valeurs morales et sont socialement utiles.

En opposition/substitution au sport, et comme moyen de pédagogie, les jeux coopératifs ont émergé avec force. Selon Brotto (1997, 2001), il s'agirait de propositions plus appropriées au milieu scolaire, basées sur la rencontre et non sur l'affrontement des compétitions promues par le sport.

Cependant, des questions se posent au sujet des jeux coopératifs. Lovisolo (1997) souligne clairement le paradoxe de la coopération : tout le monde la valorise, mais en même temps peu la pratiquent. Il développe ce thème en traitant des raisons qui conduisent à un manque de coopération, considérant par exemple que l'une d'entre elles est la "méfiance à l'égard de la réciprocité". Il souligne que dans de nombreux environnements où une relation de coopération devrait prévaloir (copropriétés, *matchs de football,* coopératives agricoles), ce qui se passe en réalité, c'est que les administrateurs sont payés (membres du syndicat, directeurs de coopératives, organisateurs de *matchs de football)* et que les autres deviennent des administrateurs. En d'autres termes :

> Les coopératives, réussies du point de vue de leur croissance, des producteurs ruraux, de l'habitat et de l'entraide, répètent cette histoire **(coopérateurs de gestion et simples coopérateurs)** qui semble pervertir l'idée radicale de coopération, car l'organisation coopérative, dans son mode de fonctionnement, se rapproche de plus en plus d'une grande entreprise. (LOVISOLO, 1997, p.162)

L'auteur soulève toute cette discussion pour demander si les jeux coopératifs favorisent réellement la coopération. Je voudrais souligner ici que ces jeux intègrent souvent des éléments compétitifs dans lesquels une équipe, par exemple, doit travailler en coopération pour **battre l'**autre équipe. Un autre format de ces jeux peut être la coopération entre les participants afin de **relever** un défi dans un délai donné. Ainsi, tant la coopération que la compétition peuvent être présentes dans les jeux coopératifs, et il peut également y avoir des situations conflictuelles, attribuées *a priori* exclusivement à des confrontations compétitives, dans les jeux coopératifs.

Lovisolo (1997, p.164) met en garde :

> [...] si quelqu'un veut travailler pédagogiquement avec le principe de coopération, il doit en connaître à la fois les significations et les mécanismes. Sinon, nous continuerons à avoir des discours très bien intentionnés sur la coopération et très peu de coopération effective.

Ce que j'essaie de défendre ici, c'est que la compétition et la coopération peuvent coexister, elles n'ont pas à suivre le sens discursivement établi par le PPREF de l'opposition. Le sport lui-même, que tant de gens essaient de nier à l'école, est un exemple de la coexistence de la compétition et de la coopération. Au fil des ans, en tant qu'athlète et basketteur, j'ai toujours entendu mes entraîneurs et mes coéquipiers dire que nous devions nous entraider, faire preuve de solidarité et agir de manière coopérative en vue d'un objectif commun : gagner le match. Je suis d'accord avec Lovisolo (1997, p.153) lorsqu'il dit que nous devons "décider à quel niveau nous devons ou non coopérer au lieu de choisir une valeur plutôt qu'une autre".

En ce qui concerne cette dichotomie entre jeux coopératifs et jeux compétitifs, j'ajouterais également la contribution de Macedo (2014, p.101), affirmant qu'" aucune activité n'est potentiellement plus éducative qu'une autre du seul fait de sa justification théorique ". L'auteur ajoute qu'il est important de les expérimenter, de les mettre en pratique et de " les faire fonctionner au plus près de ce qui a été imaginé " (MACEDO, 2014, p.101). Il faut éviter les fermetures. Je crois qu'il existe de nombreuses possibilités dans l'acte éducatif qui dépendent de l'expérimentation et de l'engagement éducatif que l'enseignant porte en lui.

Nous devons nous pencher sur le potentiel éducatif du sport et surmonter les barrières négatives imposées par le discours du PPREF. On peut, par exemple, aborder la question éthique/morale, que le PPREF préconise, par la violence dans le sport (négatif) ou par le *fair-play* (positif). Pour Lovisolo (1997, p.166), éduquer par le *fair-play*, c'est enseigner que "les fins peuvent être atteintes par des moyens légitimes". En complément du langage des normes/de l'éthique, nous pouvons également utiliser le langage de l'esthétique en disant que "le football violent est laid, anti-esthétique, provoque peu de plaisir, tue le jeu" (LOVISOLO, 1997, p. 103).

Une fois de plus, je défends le non-binarisme généré par cette lutte hégémonique, en renforçant le fait que les trois langages préconisés par Lovisolo (1997) (norme ; utilité ; goût) peuvent coexister et être auxiliaires l'un de l'autre. Il ne s'agit donc pas de refuser le sport à l'école en raison de ses exemples négatifs de non-respect des normes ou de dire que la compétition encourage la violence/l'exclusion, mais plutôt de l'inclure en tant que contenu éducatif en opposant à ces exemples négatifs, tant en termes de normes que d'esthétique, d'autres exemples positifs présents dans le sport. Cette idée est renforcée par Macedo (2008, p.74) :

> En assumant la responsabilité pédagogique du sport en éducation physique, les enseignants ne peuvent pas reproduire le fonctionnement du sport professionnel au sein de l'école, mais ils n'ont pas à le nier et doivent l'utiliser pour le subvertir au profit des actions pédagogiques dans leurs classes.

Après la tentative d'exclusion du sport, qui a débuté dans les années 1980, de nombreuses études de terrain ont été menées dans les écoles afin d'évaluer les changements possibles dans l'EP. Ces études ont montré que le sport restait un contenu hégémonique dans le "contexte de la pratique" (BALL, 1994).

Macedo (2014, p.79/80) cite différents auteurs tels que Darido et collaborateurs (2001 ; 1998) ; Souza Junior (2001) ; Caparroz (2001 ; 2005) et Kunz et Costa (2013) qui montrent que le sport est le contenu le plus utilisé par les enseignants d'EP et que c'est aussi le contenu auquel les élèves se réfèrent avec le plus d'intérêt. Cependant, d'autres auteurs, comme Macedo (2014, p.77), " pointent le désinvestissement pédagogique comme la pratique actuellement adoptée par les enseignants d'EP ". L'auteur met en garde contre l'équivalence faite par les auteurs du PPREF entre le sport en tant que contenu hégémonique dans les cours d'éducation physique et le désinvestissement pédagogique.

Je vois ici, dans la relation créée entre le constat du sport comme contenu hégémonique dans les cours d'EPS et le désinvestissement pédagogique, une caractéristique marquante de la pratique hégémonique selon Laclau (2001, p.222) : "En utilisant ce concept de l'auteur, je comprends qu'il y a eu, providentiellement, un " déplacement " stratégique du discours initial des auteurs du PPREF par rapport aux significations attribuées au signifiant **sport,** étant donné qu'" aucune logique hégémonique ne peut rendre compte de la totalité du social et en constituer le centre " (id.). En d'autres termes, il est reconnu que le sport est un contenu hégémonique à l'école, mais le sport continue d'être excluant, non plus parce qu'il reproduit les inégalités sociales, en sélectionnant les meilleurs par l'enseignement répétitif de techniques sportives, mais en raison de l'équivalence faite entre le sport et le désinvestissement pédagogique des professeurs d'EPS, où, en raison de l'absence de l'enseignant, seuls ceux qui savent ou qui sont les meilleurs peuvent jouer.

Dans les extraits soulignés ci-dessous, Laclau (2000) traite des ambiguïtés inhérentes à un projet hégémonique. Dans ces extraits, je peux comprendre comment le PPREF donne stratégiquement au signifiant **sport scolaire** le sens d'exclusion, mais au fil des années et des contextes changeants, il provoque un "changement" dans la compréhension de la raison pour laquelle il est excluant.

> Le caractère incomplet et contingent de la totalité n'est pas seulement dû au fait qu'aucun système hégémonique ne peut s'imposer complètement, mais aussi aux ambiguïtés inhérentes au projet hégémonique lui-même.
>
> [l'ambiguïté d'un signifiant social se limite à ce que l'on pourrait appeler, d'un terme aristotélicien, " l'équivocité ", c'est-à-dire une ambiguïté qui provient du fait qu'un terme est utilisé différemment dans deux contextes différents, mais que dans chacun de ces contextes il a un sens clair et indubitable. (LACLAU, 2000, p. 45)

En fait, il faut reconnaître qu'un "désinvestissement pédagogique" est en cours dans de nombreuses écoles publiques du pays. Il ne fait aucun doute que de nombreux enseignants se *défilent* et s'absentent de la scène éducative, sans planification ni pratiques dirigées. Macedo, F. (2008), dans ses études ethnographiques sur les écoles publiques de Rio de Janeiro, a constaté le désinvestissement dans l'enseignement. Dans son texte, l'auteur a transcrit quelques rapports d'anciens élèves et de directeurs qui me semblent pertinents. Le premier est le récit d'un ancien élève sur les cours d'éducation physique :

> - Je n'aimais pas ça, parce qu'ils **(les professeurs)** nous donnaient le ballon et on jouait là, on faisait ce qu'on voulait. Ensuite, nous gérions. Seuls ceux

qui savaient jouer au volley-ball jouaient, puis nous nous séparions en équipes. C'était la même chose pour ceux qui savaient jouer au handball. Ceux qui voulaient jouer jouaient et ceux qui ne voulaient pas... (MACEDO, F., 2008, p.31)

Une autre histoire importante est celle d'un directeur d'école publique de la municipalité de Rio de Janeiro :

-Aujourd'hui, nous sommes encore confrontés à de nombreux tabous. Dans tous les domaines, il y a des professionnels sérieux et d'autres qui ne le sont pas. En tant que directeur, je n'ai pas eu de problèmes, mais j'entends d'autres directeurs dire qu'il y a des gens qui lâchent la balle et qui laissent les gens faire ce qu'ils veulent, il y a des enseignants qui lisent le journal dans la voiture et qui laissent un élève siffler, il y a des enseignants qui jouent au football toute l'année. Maintenant, on a aussi ce professeur [...] qui fait de la planification [...] ce professeur sérieux est souvent marginalisé, parce qu'il doit gagner une certaine chose pour se faire entendre au conseil de classe. (MACEDO, F., 2008, p.32-33)

Profitant de l'intervention du directeur, je voudrais souligner un fait important : la question de la généralisation du professeur d'éducation physique. La question du désinvestissement pédagogique existe, comme cela a été souligné, mais on ne peut pas mettre tous les enseignants dans cette condition et y associer le contenu du sport. En d'autres termes, on ne peut pas nier la pratique du sport à l'école à cause de mauvais professionnels. Il y a aussi de bons professionnels qui travaillent avec le potentiel éducatif du sport, qui utilisent les valeurs morales et esthétiques que le sport peut apporter, qui guident leurs élèves et qui essaient de fournir un apprentissage sportif de manière ludique et appropriée, en cherchant l'inclusion et non l'exclusion.

J'insiste sur le fait qu'il est indéniable que le sport fait partie de l'école, non seulement du CCM, qui est qualifié de *pédagogique,* mais surtout de la culture brésilienne. Le sport est présent dans les conversations des élèves dans la cour de récréation, lorsqu'ils parlent du but magnifique que le meilleur buteur de leur équipe a marqué le week-end dernier ; il est présent dans la salle des professeurs lorsque, en plus des conversations, nous voyons des collègues décorer leurs casiers avec des autocollants des clubs qu'ils soutiennent avec passion ; il est présent dans les maillots de l'équipe de cœur des élèves qui sont apportés exclusivement pour être portés dans les cours d'éducation physique prévus. C'est aussi dans l'imagination, par exemple, des élèves des classes de quatrième et cinquième année qui, lorsqu'ils entrent sur le terrain de l'école, frappent le ballon imaginaire dans le but et sortent en célébrant comme les joueurs de football qu'ils ont vus à la télévision.

Je défends le travail de l'enseignant qui planifie les cours de sport à l'école, celui qui guide et veille à ce que tout le monde puisse participer, celui qui réfléchit à la manière de créer des *facilitateurs d'*apprentissage lorsqu'il travaille avec le sport (exemple : utilisation d'un filet plus bas pour les petits et d'un ballon plus léger en *mini-volley)* et, enfin, mais c'est très important, celui qui rend possible la pratique du sport pour le plaisir, pour le plaisir de jouer, indépendamment du fait que la pratique soit compétitive ou coopérative, et qui ne se limite pas au *sport pédagogique* qui apporte un contenu excessif dans la classe, en s'attardant trop sur les aspects éthiques du sport.

En ce qui concerne le sport par l'esthétique et la manière dont il peut être développé dans les écoles, je terminerai cette discussion par l'importante contribution de Ferraz (1997). Dans ses recherches sur le développement des règles du jeu de football, l'auteur a demandé à un moment donné à un échantillon d'élèves de différents âges d'une école donnée ce qu'ils préféraient : participer à un tournoi de football à l'école en tant que titulaires (en jouant) ou être champions en tant que réservistes (sans jouer).

Bref, presque tous les élèves ont choisi de jouer, de participer, qu'ils soient champions ou non. Les réponses de l'auteur sont emblématiques : "Fabio (11 ans) : J'aime plus jouer que regarder, même si je ne suis pas champion" ; "Flavia (15 ans) : Je préfère jouer parce que ce n'est pas drôle de rester sur le banc à regarder les autres jouer" (FERRAZ, 1997, p.36-37). Il me semble évident que des compétitions peuvent avoir lieu au sein de l'école parce que les élèves *aiment* jouer. Il faut dépasser le stéréotype du sport qui favorise l'exclusion et opter pour des stratégies qui garantissent une large participation des élèves.

Sport et éducation des jeunes et des adultes

> Le sport est pluriel, il se manifeste de différentes manières selon les cultures
> et les époques, et à ces manifestations s'ajoutent de multiples valeurs.
> Solidarité, consécration, célébration sont autant de mots positifs si l'on pense
> aux zones d'ombre que recèle aussi le monde du sport. Les nationalismes
> exacerbés, l'exploitation commerciale et économique, la corruption, la
> spécialisation prématurée, le dopage, la violence et la discrimination
> sexuelle sont également des thèmes qui font partie de la vie sportive
> quotidienne, même si nous les minimisons parfois et essayons, à tout prix,
> de récupérer la tradition et, avec elle, d'affirmer ce qui peut être identifié
> dans le sport comme la promotion d'une humanité qui est immanente à
> chacun d'entre nous.
>
> *Rio de Janeiro, 2013, p.17*

L'extrait ci-dessus fait partie du chapitre sur le sport du manuel EJA/EF. Il montre un souci évident de traiter le sport dans le langage de la norme, de l'éthique, en citant les valeurs sociales positives attachées au sport : la solidarité, la fête, ainsi que les aspects négatifs : la violence, le dopage, entre autres, qui semblent se multiplier par rapport aux facteurs positifs. Ce que j'essaie de montrer ici, c'est qu'il me semble qu'il y a une proposition d'éducation par le sport qui n'est que de nature iioraliste pour le segment EJA. A aucun moment, en analysant l'ensemble du matériel institutionnel produit, il n'a été proposé de pratiquer le sport ou de l'explorer de manière esthétique, c'est-à-dire pour le plaisir de jouer ou de faire des activités physiques. Des suggestions sont faites pour des pratiques pédagogiques en classe, des discussions morales, souvent exclusivement sur les aspects négatifs du sport.

Une fois de plus, je pose la question suivante : pourquoi limitons-nous les pratiques de l'EP/YA aux actions pédagogiques en classe ? Pourquoi l'approche esthétique de l'éducation physique est-elle limitée aux premières étapes de l'enseignement ? Je crois que les deux modèles pédagogiques (moral et esthétique) doivent coexister et que le passage à l'âge adulte ne doit pas être un moment de répression des subjectivités et des sensations induites par une éducation disciplinaire, axée sur les résultats, qui privilégie l'aspect cognitif au nom de l'excellence des résultats. Je comprends que, quelle que soit l'évolution vers une éducation basée sur ce modèle, l'école, à travers l'EP, même inconsciemment, reste un espace d'apprentissage par l'esthétique, par le goût, à tous les âges de la vie.

Les points mentionnés dans le paragraphe ci-dessus sont basés sur les contributions de Lovisolo (1997, p.36), qui parle de l'éducation à la coexistence de cette manière :

> [...] nous pouvons nous demander si nous sommes plongés dans les contradictions générées par la coexistence de deux modèles : l'un avec un fondement esthétique, l'autre avec un fondement moral et cognitif. Je crois que oui, et je crois aussi qu'une partie de la crise des pédagogies est le résultat d'une reconnaissance insuffisante des deux modèles et, surtout, de la nécessité de les réconcilier, plutôt que de les situer comme des combattants destinés à survivre.

Pourquoi ne pouvons-nous pas, en tant qu'enseignants, travailler avec les deux modèles mentionnés par Lovisolo (1997) ? Pourquoi ne pas stimuler des situations qui intègrent à la fois le modèle esthétique et le modèle moral/cognitif ? Pourquoi ne pas expérimenter ?

> [...] nous devons créer et expérimenter, de manière situationnelle et pragmatique, des moyens de concilier les exigences, les sentiments et les idées des deux modèles. (LOVISOLO, 1997, p.44)

Dans mes cours d'éducation physique en tant que professeur de jeunes et d'adultes au cours des dix années où j'ai travaillé dans le système éducatif public de l'État de Rio de Janeiro, je me suis permis de proposer et d'expérimenter des leçons de sport pratiques, en plus de pratiquer le modèle moral dans la salle de classe. J'ai utilisé la ressource des petits jeux pour enseigner les techniques de base des disciplines sportives, sans perdre la sensation de plaisir dans la réalisation de l'activité proposée. Par exemple, les cours de volley-ball ont très bien fonctionné. Dans les cours de sport pour personnes handicapées, j'ai eu l'occasion de voir des élèves plus âgés (plus de 50 ans) s'intéresser à la *course à pied les yeux bandés,* dans laquelle un collègue sert l'autre en le guidant le long du parcours convenu.

Même lorsque seule une partie de la classe était intéressée par la pratique d'un sport, j'ai essayé de proposer d'autres activités susceptibles de susciter l'intérêt des élèves. Dans une classe, j'ai eu l'occasion d'avoir trois groupes pratiquant des activités différentes : les plus jeunes pratiquant le futsal, un groupe de femmes sautant à la corde avec un programme de fitness dynamique et un autre groupe faisant des étirements.

Une autre expérience intéressante a été d'observer la bonne participation des élèves de l'EJA aux tournois sportifs organisés par les professeurs d'éducation physique de l'école où je travaille. Ils ont toujours pris part à ces événements avec beaucoup de joie et de respect, et ont été positivement acceptés par les élèves des classes normales.

Je veux dire par là que nous devons surmonter les barrières des naturalisations qui semblent placer un modèle d'éducation au-dessus d'un autre. L'éducation par l'esthétique est également possible et peut être agréable et stimulante. La pratique du sport ou de différentes activités physiques ne doit pas être niée, réprimée ou préjugée, comme si les élèves plus âgés ne les aimaient pas ou n'avaient pas la capacité de les pratiquer. Il m'est arrivé de ne pas réussir dans mes propositions de sports ou d'activités similaires, mais j'ai essayé de ne pas étiqueter mes élèves et je n'ai pas refusé d'expérimenter.

CHAPITRE 5 : RECHERCHE SUR LE TERRAIN

La nature ethnographique de la recherche sur le terrain

La recherche sur le terrain m'a permis d'ajouter des informations supplémentaires aux discussions de ce livre, ainsi que de permettre de nouveaux débats - avec de nouvelles recherches bibliographiques - basés sur mes observations de la vie scolaire quotidienne ou via des dialogues (formels et informels) avec des sujets scolaires. Je pense que les deux études (ethnographique et bibliographique) étaient complémentaires et destinées à produire un matériel pertinent pour les éducateurs - en particulier les professeurs d'éducation physique - et pour les chercheurs qui travaillent ou souhaitent travailler sur l'éducation des jeunes et des adultes.

D'emblée, je tiens à préciser que cette enquête de terrain n'avait pas pour objectif de fournir des *données sur une* réalité *donnée* - le contexte spécifique d'une unité scolaire ne représentera jamais la réalité d'un réseau éducatif dans son ensemble -, de dresser des profils précis d'élèves/enseignants ou de faire des constats catégoriques et binaristiques (bien vs mal) sur les pratiques pédagogiques, les comportements des élèves ou encore les actions de la direction de l'école. De telles attitudes ne vont pas de pair avec la pluralité et le respect des différences que je cherche à promouvoir dans le domaine de l'éducation.

Au départ, ma stratégie consistait à rechercher une école proposant des cours du soir et promouvant l'éducation des jeunes et des adultes, qui est l'objet de ce livre. En pleine période de grèves des professionnels de l'éducation, la directrice de l'école où j'ai travaillé pendant 10 ans en tant qu'enseignante m'a dit de chercher l'école publique "Oasis"[4], en me disant qu'il y aurait là une direction disposée à collaborer avec la recherche - des personnes qu'elle connaissait déjà - et en me précisant qu'il s'agissait d'une école exclusivement destinée à l'éducation des jeunes et des adultes, fonctionnant de 18 heures à 22 heures.

---

[4] Nom fictif. Afin de préserver l'identité des personnes qui ont participé à la recherche sur le terrain, j'ai donné des noms fictifs aux personnages importants de la scène éducative (professeurs d'éducation physique et élèves) que j'ai observés et interrogés.

Par téléphone, j'ai pris rendez-vous avec le Colegio Estadual "Oasis" pour m'entretenir avec le directeur et voir s'il était possible d'y mener mes recherches. Lorsque je suis entré dans l'école - située dans la municipalité de Rio de Janeiro - pour m'entretenir avec le directeur, je me suis rendu compte qu'il s'agissait d'une école unique, un bâtiment ancien mais imposant, avec des salles de classe spacieuses et d'immenses portes et fenêtres en bois, typiques des vieilles maisons. En me rendant au bureau du directeur, je me suis rendu compte que l'école avait récemment fait l'objet d'importants travaux de rénovation, tant à l'intérieur qu'à l'extérieur. Lorsque je suis arrivé dans le bureau du directeur, il m'a accueilli chaleureusement, a écouté mes intentions de recherche et a accepté, sans objection, que j'y effectue mes études. Il m'a donné rendez-vous à une autre date pour me présenter le professeur d'éducation physique de l'école, avec lequel il s'entretiendra de mes intentions de recherche avant ma nouvelle visite.

Lorsque je suis retournée au Colegio Estadual "Oasis" pour rencontrer le professeur d'éducation physique, j'ai appris à mieux connaître l'école et j'ai réalisé qu'après la rénovation, à l'extérieur, l'école avait conservé et revitalisé l'ancienne et imposante façade et sa structure d'origine et, à l'intérieur, elle avait mis à disposition tout un appareil technologique : projecteurs d'images et de sons, nouvelle climatisation et mobilier - des alliés importants pour l'éducation contemporaine. Les repas servis au début de la journée scolaire ont également attiré mon attention. L'odeur de la nourriture était invitante et de nombreuses personnes, y compris des membres du personnel et des enseignants, se sont rassemblées dans la grande cafétéria propre de l'école pour prendre leur repas. J'ai remarqué de nombreux compliments sur la nourriture et le personnel de cuisine, et j'ai moi-même fait partie des personnes qui les ont complimentés après quelques repas. En plus de la bonne nourriture, j'ai remarqué que c'était un lieu de discussions détendues entre les élèves, les élèves et les enseignants, les élèves, les enseignants et le personnel, et que cela pouvait aussi être un moment pour se ressourcer après une journée de travail et économiser de l'argent sur l'un des repas que nous mangeons tous les jours.

Poursuivant mes observations de l'espace scolaire, j'ai remarqué que la salle des professeurs était assez spacieuse, avec quatre ordinateurs, l'air conditionné et un coin cuisine avec des ustensiles tels qu'un distributeur d'eau, un réfrigérateur et un four à micro-ondes. Il m'est apparu clairement que les enseignants bénéficiaient d'une certaine attention, d'un certain confort et de conditions de travail favorables à l'exercice de leurs fonctions. Cependant, je ne pouvais m'empêcher de penser à mon école d'origine dans le même réseau scolaire : des salles de classe au mobilier délabré, peu de ventilateurs en état de marche, pas d'air conditionné ; seulement deux projecteurs à disposition de toute l'école, sans haut-parleurs audio ; une salle des professeurs extrêmement exiguë, sans ventilation ni air conditionné, sans ordinateur à disposition pour la recherche et le développement du travail pédagogique et, enfin, une seule salle de bain partagée par les professeurs. Je crois que c'est la description inverse de ce qui se passe à l'école publique "Oasis" et, malheureusement, c'est un *modèle qui* se répète de plus en plus souvent dans le système éducatif de l'État de Rio de Janeiro.

Après mes observations positives de la structure de l'école, j'ai attendu le professeur d'éducation physique dans la salle des professeurs et, en discutant avec mes collègues professionnels présents, j'ai réalisé que l'école est un noyau qui ne s'adresse qu'aux élèves de l'EJA, et qu'elle compte 2 ou 3 classes pour chaque module, pour un total de 4 modules, chacun d'entre eux durant 6 mois. En discutant avec d'autres enseignants de l'école, je me suis rendu compte que les classes comptaient en moyenne 25 élèves pour un total d'exactement 11 classes. Enfin, je rencontre le professeur d'éducation physique, que j'appellerai le professeur "X", qui m'accueille de manière très cordiale et qui, comme je m'en suis rendu compte, était au courant à l'avance de ma visite. Lors d'une conversation avec le professeur "X", j'ai expliqué mes intentions et lui ai demandé la permission d'accompagner la classe 302 les lundis. Le professeur a accepté la recherche et m'a mis à l'aise. Il est à noter que je n'ai pas pu *prolonger la* recherche sur le terrain en raison de mon emploi du temps chargé d'enseignant-chercheur, mais j'ai été plus présente à l'école "Oasis" lors de moments spectaculaires, tels que le conseil de classe et le tournoi de futsal.

À ce moment-là, j'ai fixé une date pour le début effectif de mes études : 5 avril

2016, un parcours très intéressant qui se terminera le 6 juin 2016. Pendant cette période, j'ai vécu la transition entre les trimestres scolaires (1er-2ème trimestres) et j'ai pu suivre les différents événements du Projet Pédagogique de l'école (PPP), ainsi que ceux qui se déroulent au jour le jour.

A partir de maintenant, je vais faire différents commentaires sur la période de recherche de deux mois au C.E. "Oasis", commentaires basés sur mes observations/analyses de la vie quotidienne de cette unité scolaire (cours d'éducation physique ; conversations avec les élèves et les enseignants ; participation à un événement : Tournoi de Futsal ; participation au Conseil de classe) et de l'analyse des entretiens réalisés avec certains personnages importants de l'école : élèves ; professeur d'éducation physique ; directeur de l'école.

Classe 302

Pendant deux mois, j'ai suivi tous les cours d'éducation physique de la classe 302. Ce fait de se concentrer sur une seule classe était dû - comme je l'ai déjà dit - à mon emploi du temps limité et aussi au fait que je devais concilier mon emploi du temps avec celui de l'enseignant "X". Je me suis rendu compte que la classe 302 n'était pas une grande classe. Malgré les 37 élèves inscrits sur la liste de l'enseignant, une moyenne de 20-25 élèves assistait aux cours. La classe était encore assez hétérogène en termes de tranche d'âge, et j'ai classé trois groupes distincts dans la classe : les jeunes (le plus grand nombre) ; les adultes entre 31 et 50 ans (le deuxième groupe le plus important) ; et ce que j'appellerai le groupe des seniors, les adultes de plus de 50 ans (le plus petit nombre). Parmi les étudiants, il y avait une personne handicapée, une étudiante enceinte et une mère et sa fille étudiant ensemble dans la même classe, information qui fait de la classe un groupe social encore plus distinct.

Pendant toute la période où j'ai assisté aux cours d'éducation physique de l'enseignant "X", j'ai pu constater qu'ils se déroulaient dans une ambiance conviviale et respectueuse et que l'enseignant était très attentif et réceptif aux questions des élèves. J'ai également remarqué que les thèmes proposés pour les cours étaient bien acceptés par les élèves et suscitaient leur intérêt. Dans plusieurs classes, des questions ont été posées à l'enseignant pour lever des doutes sur le contenu.

J'ajouterais également les bonnes relations entre les membres de la classe, des situations qui auraient pu être conflictuelles en raison des différents groupes d'âge ne l'ont pas été en raison du respect qu'ils ont les uns pour les autres. Certaines situations ont révélé leur unité et leur camaraderie, comme l'attention portée à l'élève handicapé et l'encouragement qu'il a reçu pour participer au cours pratique enseigné par le professeur "X" ; l'organisation d'une baby shower surprise pour l'élève enceinte, avec un gâteau, des snacks, des hot-dogs et des souvenirs ou lorsque la classe s'est réunie pour constituer et inscrire l'équipe qui participerait au tournoi de futsal interne de l'école.

J'ai compris que l'école était aussi un endroit sûr pour socialiser, pour être avec des amis, un endroit qu'ils aimaient. Un événement a marqué ma perception : à la fin du trimestre, les élèves discutaient pour savoir qui viendrait à l'école le jour du conseil de classe, jour où les élèves n'auraient que deux périodes de cours et seraient dispensés. C'est alors que l'un des élèves, peut-être le plus âgé de la classe, a dit : "Je viendrai, l'école c'est mon temps libre", tandis qu'une autre rétorquait qu'elle viendrait peut-être si elle s'ennuyait, pour bavarder et "dire du mal des autres".

Un autre fait intéressant, qui montre la relation démocratique, ouverte et bienveillante que les élèves entretiennent avec l'école et ses enseignants, est le fait qu'une des élèves les plus âgées a amené sa fille adolescente en classe. J'ai compris que les élèves percevaient l'espace scolaire comme un lieu qui leur permettait d'élargir leurs relations sociales et comme un espace accueillant. La fille s'est vraiment sentie à l'aise, posant même des questions à l'enseignant "X". De la même manière, je me suis sentie accueillie dès mon premier jour dans la classe ou même lorsque j'ai parlé au professeur principal.

À propos du professeur "X

Dès mon premier contact avec le professeur "X", je me suis rendu compte qu'il était ouvert au dialogue, avide de connaissances et très désireux de collaborer à l'avancement de mes recherches. Un jeune professeur qui aime ce qu'il fait et qui a trouvé sa place à l'école, parmi les innombrables possibilités d'emploi qu'offre l'éducation physique. Lors de conversations informelles, il m'a dit qu'il suivait des cours préparatoires aux examens publics dans le domaine de l'éducation physique. Nous avons également parlé des examens qu'il passait et du programme de maîtrise que je suivais. Au cours de ces conversations, il a montré qu'il était prêt à suivre la voie de la spécialisation académique. En bref, il s'agissait clairement d'un enseignant dévoué, désireux d'apprendre et d'évoluer dans sa profession.

En observant ses pratiques pédagogiques, j'ai pu constater que l'enseignant "X" préparait ses cours en montrant une bonne connaissance du contenu et en utilisant bien le temps de classe pour favoriser les discussions à ce sujet. Ses cours étaient surtout théoriques, un seul d'entre eux étant consacré à une activité pratique dans la cour de l'école. Selon lui, les élèves ne montraient aucun intérêt pour les activités pratiques, et il y avait également certaines limites en termes de tranche d'âge et de fatigue des élèves après une journée de travail. Cependant, j'ai constaté que les succès obtenus dans la réalisation d'activités pratiques à l'école, à savoir la proposition d'un jeu coopératif dans la classe susmentionnée et l'organisation d'un tournoi interne de futsal, l'ont peut-être laissé quelque peu perplexe quant à ses convictions. Il convient de souligner une partie de l'entretien avec l'enseignant "X" :

> Ici, à l'école, nous avons un terrain, mais les élèves sont très réticents, nous avons réussi à organiser un tournoi à l'école et l'école n'est réservée qu'au public de l'EJA. Je pense que c'était bien, c'était positif, et quand j'essaie de développer une activité pratique, ils l'acceptent, alors j'essaie de faire de la dynamique de groupe, des activités où il y a du travail d'équipe, de la socialisation ; un cours de relaxation ; des étirements, surtout parce que la plupart d'entre eux travaillent, alors si vous leur dites qu'il va y avoir une activité physique, ils s'inquiètent immédiatement si ce sera quelque chose de

lourd, ils sont encore très concentrés sur l'éducation physique militariste, orientée vers le sport.

Dans les mots de l'enseignant "X", ainsi que dans mes propres mots en tant qu'enseignant et ceux de tant d'autres enseignants d'éducation physique, il y a l'influence du discours hégémonique du PPREF, qui est sans aucun doute très présent dans le monde universitaire et également dans les stratégies promues par le département de l'éducation de l'État pour la *formation des* enseignants d'EP/YA. Comme nous l'avons déjà mentionné, ce discours a naturalisé la nécessité d'un contenu utile visant à la formation des citoyens et à la transformation sociale, à la pédagogisation des pratiques d'EP et à l'introduction de leçons dans la salle de classe, ce qui, dans le cas de l'EJA, semble être devenu la norme. Une fois de plus, je répète qu'il ne s'agit pas de nier l'EP socialement utile, mais d'y ajouter l'apprentissage par l'action, par le plaisir, en montrant à ces élèves, de manière agréable, les différentes possibilités de mouvements en fonction de leur âge ou, indépendamment de leur âge, en présentant des mouvements de notre culture qui peuvent être appliqués dans leurs moments de soins personnels (socialement utiles) et de loisir (esthétiques). Un autre discours que je détecte, à travers le discours de l'enseignant "X", et qui est également enraciné dans le milieu EFE/EJA, - héritier du militarisme et de l'Education Industrielle - est celui des activités physiques visant à la relaxation et à la récupération du travailleur. Ce discours, comme nous l'avons vu précédemment, ne considère pas le sujet comme autonome et doté d'une volonté propre, et ne vise qu'à préparer le corps de l'employé à la nouvelle journée de travail.

Je voudrais revenir sur la question de la *formation* des enseignants de l'EJA. Tout d'abord, j'aimerais souligner que je n'aime pas le terme "formation". Il donne l'impression que l'enseignant n'a pas de connaissances ; il ne peut pas rechercher ces connaissances en tant qu'être autonome et aurait besoin d'instructions sur la manière de procéder. La production de matériel pédagogique, de lignes directrices pour les programmes d'études, de chats *en ligne*, entre autres stratégies, est intéressante pour ceux qui enseignent et peut être un point de départ pour quelque chose - comme c'est le cas pour l'enseignement aux jeunes et aux adultes - que nous connaissons peu et qui est peu, voire pas du tout, abordé dans les cours de premier cycle. Elles peuvent également apporter quelque chose de très positif et précieux à l'environnement éducatif : l'échange d'expériences. Cependant, ces stratégies cherchent, par leur *poids* institutionnel, officiel, *à* renforcer, à naturaliser, les préceptes défendus par un groupe hégémonique - dans le cas de l'EP, le PPREF - qui cherche à fournir une ligne directrice unique pour l'enseignement. Nous, enseignants, devons avoir la volonté de toujours rechercher de nouvelles connaissances, d'étudier, mais aussi, et c'est très important, d'expérimenter. Cette recherche doit être une constante en tant que professionnels de l'enseignement, afin que nous puissions nous construire/reconstruire, en essayant de faire notre travail de la meilleure façon possible. Ci-dessous, je voudrais souligner quelques mots de l'enseignant "X" - tirés d'un entretien avec lui - qui révèlent cette tentative de contrôle institutionnel sur le travail d'enseignement et, plus encore, la manière dont ces stratégies pour l'EP/YA ont réussi à influencer directement son travail.

Question 1 : Parlez-nous de votre planification annuelle des cours d'éducation physique pour les élèves EJA/EM.
R : La planification est en fait basée sur le livre de l'EJA, qui est destiné à l'EJA. Ce livre est publié par le département de l'éducation de l'État de Rio de Janeiro. J'élabore un plan de cours sur la base de ce livre.

Question 3 : Connaissez-vous l'existence d'un matériel pédagogique spécifique pour l'EJA ? L'utilisez-vous dans vos cours ?
R : Oui, je le fais. Le livre que j'ai reçu est intéressant et contient deux chapitres sur lesquels j'aime travailler : celui qui parle de la qualité de vie, de la santé et celui qui parle des politiques publiques de loisirs, afin que les étudiants comprennent le concept de loisirs et de travail et sachent comment les diviser [...] Avec le public de l'EJA, les cours du soir, il est difficile de développer une activité pratique avec eux et lorsque vous parlez de sujets liés à leur vie quotidienne, vous arrivez à amener la classe à vous et ils aiment beaucoup, cela finit par être une classe très attrayante parce qu'il s'agit de sujets de leur vie quotidienne.

Question 5 : Connaissez-vous l'existence de plateformes *en ligne* qui encouragent les discussions sur les cours d'éducation physique pour l'EJA ?

R : Oui, comme je le disais, vous aviez des activités à faire, en rapport avec l'EJA, divers textes sur l'histoire de l'EJA et tout le reste, les enseignants échangeaient des idées, des méthodologies de cours, à la fin de chaque bimestre, nous, les enseignants, mettions au point des cours et les enseignants (**tuteurs de formation**) évaluaient les cours en fonction des thèmes proposés dans le livre. Tout cela en *ligne*. Nous avions des dates d'échéance pour les travaux et le plus important était qu'ils soient rendus à temps.

C'était cool nĕ, il y avait un moment où le professeur (**tuteur de formation**) commentait ce que vous faisiez, voulait comprendre votre texte, vous donniez votre avis aussi, donc, pour moi, dans ce sens, c'était très bien.

L'enseignant "X" a adopté l'unité III (Santé et qualité de vie) du manuel organisé par le département de l'éducation de l'État (SEEDUC), qui contient tout le contenu de l'ICN. L'enseignant estime que le thème de l'unité III suscite l'intérêt des élèves - ce qui est le cas - et qu'il peut être utile dans leur vie. J'ai remarqué que le discours d'utilité sociale et de transformation sociale, présent dans le PPREF, se révélait dans d'autres actions de l'enseignant "X", comme lors d'une leçon passionnante sur les troubles de la posture, où les élèves se sont montrés très participatifs et interrogatifs. À un moment donné, une élève a fait part de son admiration pour les connaissances qu'elle avait acquises et l'enseignant lui a dit que : "le but du contenu donné est qu'il soit utile dans votre vie, dans votre quotidien". Lors de l'entretien avec l'enseignant "X", celui-ci a de nouveau exprimé la naturalisation du discours hégémonique du PPREF lorsqu'il a été interrogé sur sa façon d'évaluer ses élèves :

[...] mon message, mon idée en tant qu'éducateur, que j'essaie de leur transmettre, est la suivante : je viens ici pour essayer d'apporter une valeur ajoutée à quelque chose qu'ils pourront utiliser dans leur vie future : Je viens ici pour essayer d'ajouter de la valeur à quelque chose qu'ils pourront utiliser dans leur vie à l'avenir, donc en ce qui concerne l'évaluation, j'essaie d'évaluer si mon message, si le contenu que je transmets va être un contenu significatif pour leur vie quotidienne [....] mon évaluation est quotidienne, pour transformer la façon de penser de la personne par rapport au soin qu'elle doit prendre avec elle-même et, en plus, avec sa famille, parce que beaucoup d'informations que nous essayons de transmettre sont aussi des informations utiles pour la personne dans son environnement familial.

Encore une fois, je tiens à souligner qu'il n'y a rien de mal à éduquer dans le langage de la norme ou de l'utilité, mais je préconise d'ajouter le langage du goût à l'acte d'éduquer, comme je l'ai déjà analysé. Dans la même leçon sur les troubles posturaux, il y a une situation, par exemple, où l'enseignant "X" aurait pu combiner la théorie (le langage de l'utilité) et la pratique (le langage du goût). Je veux parler du moment où l'enseignant a mentionné la gymnastique professionnelle - qui se pratique sur le lieu de travail pour prévenir les lésions posturales - comme un allié important dans la lutte contre les troubles posturaux, en ajoutant qu'il avait déjà une expérience dans ce domaine. Il a alors piqué la curiosité des élèves sur les exercices physiques de ce type de gymnastique et aurait pu, à mon avis, proposer une activité pratique, en demandant aux élèves de se lever pour effectuer quelques exercices qui les aideraient à éviter les problèmes posturaux à la maison ou au travail. De cette façon, l'acte éducatif serait plus complet, combinant la théorie et la pratique, le langage de l'utilité et le langage du goût, ce dernier étant représenté par la motivation à faire l'activité, à expérimenter.

En suivant l'idée de combiner le langage de l'utilité avec le langage du goût dans les cours d'EPS, je suis sûr que l'enseignant "X" a réussi ses actions éducatives en utilisant ce qui est socialement utile et aussi lorsqu'il a permis d'exercer l'éducation par le goût dans un cours pratique. Je dis cela en me basant sur mes observations des cours, sur l'intérêt des élèves pour les cours théoriques, ainsi que sur leur joie et leur motivation à réaliser l'activité pratique. Lors d'un entretien avec certains élèves, je leur ai demandé à quoi devraient ressembler les cours d'éducation physique pour l'EJA et deux des trois personnes interrogées les ont loués, en mentionnant les cours théoriques et l'expérience qu'ils ont eue dans les cours pratiques :

> Ce serait bien d'avoir des sports et d'autres choses, peut-être que s'ils ajoutaient plus de dynamique, ce serait un peu mieux. Des dynamiques comme celle que nous avons faite ce jour-là, où il a fait une roue et où nous devions en sortir, une activité de groupe. Mais comme c'est la nuit et qu'il y a beaucoup de gens qui travaillent le jour, c'est un peu compliqué pour certaines activités. Il y a beaucoup de jeunes ici qui peuvent courir, comme vous l'avez vu, mais il y a aussi des gens ici qui travaillent trop et la nuit ils n'ont pas la force de faire une activité, de courir comme ça. (Élève A)

> Je pense qu'il faut que ce soit comme ça, il y a des gens d'un certain âge aussi, les gens sont fatigués par le travail, ils n'en peuvent plus. Le jeu que nous avons organisé (en **référence au tournoi de futsal organisé à l'école**) pour faire bouger les gens, ceux qui veulent jouer, j'ai trouvé ça intéressant. Il n'est pas question que les femmes descendent pour jouer. Une autre bonne leçon, c'est celle qu'il a donnée, où il fallait se tenir la main, en groupe (**référence à la dynamique de groupe proposée par l'enseignant "X"**). (élève B)

En regardant les réponses des élèves, je constate une fois de plus la naturalisation dans notre société du discours sur le format de l'EP/YA qui tourne autour de quelque chose de doux, qui favorise la relaxation, dans une vision archaïque de la préparation des travailleurs pour la prochaine journée de travail. De cette manière, nous finissons par trop restreindre le champ d'application de l'éducation physique. Je suis d'accord qu'il y a des limitations dues aux longues heures de travail ou même à la tranche d'âge, mais je ne suis pas d'accord avec l'idée des idées préconçues qui font que les élèves de l'EJA ne peuvent pas faire de sport ou de jeux. Je soutiens que les enseignants, avant de refuser quelque chose, doivent d'abord apprendre à connaître leur classe et se permettre d'expérimenter et de prendre des risques. Les élèves qui sont impliqués et motivés par les cours ne se fatiguent pas et apprécient les leçons pratiques. Comme je l'ai dit plus haut, en tant qu'enseignant d'EJA dans le système scolaire public de l'Etat de Rio de Janeiro, il est arrivé à de nombreuses reprises que les élèves fassent du sport, sautent à la corde, fassent de la gymnastique. Il suffit d'adapter l'intensité des activités et de prévoir des animateurs pour les rendre agréables.

En ce qui concerne l'expérimentation, je vais parler de la seule leçon pratique proposée par l'enseignant "X" qui a suscité un grand enthousiasme de la part des élèves et qui a eu des échos positifs en termes de langue du goût. Dans cette leçon, l'enseignant s'est permis d'expérimenter en proposant un jeu coopératif dans lequel les élèves devaient trouver collectivement la solution à un problème donné. Je pense qu'il s'agit d'une alternative que l'enseignant a imaginée en vue de la participation de tous et qui ne nécessiterait pas un effort physique trop important. Il est à noter que l'élève handicapé physique, qui se déplace avec des béquilles, ne s'est pas senti à l'aise pour participer, malgré les encouragements de l'enseignant et de ses camarades.

À la fin de l'activité, j'ai entendu des commentaires sur le plaisir de la leçon et sur la façon dont ils avaient réussi à trouver ensemble des solutions aux problèmes. Dans un entretien avec une élève de la classe 302, l'élève A, il est intéressant de noter une partie de sa réponse à l'activité :

> [...] c'était bien, ça a demandé beaucoup d'efforts, mais aussi, vous savez, c'était quelque chose que nous avons appris à faire ensemble et ça, parce que nous **nous sommes déplacés un peu, vous savez**.

C'était une façon d'éduquer par le biais du langage du goût, en y insérant, par le biais de la principale caractéristique de l'EP : le MOUVEMENT, également l'enseignement des valeurs morales de la solidarité et de la coopération. Je crois que les gens ont participé à l'activité proposée par curiosité, parce qu'ils avaient envie de bouger - voir la réponse de l'élève A -, pour le plaisir, pour s'amuser, plus que pour les éléments moraux présents dans cette activité, mais ce qui compte vraiment, sans vouloir affirmer ici qu'une langue est meilleure que l'autre, c'est qu'il a été possible de faire coexister les langues dans un acte éducatif riche. Je crois qu'en proposant cette activité, en expérimentant, l'enseignant "X" a trouvé, à sa manière, un moyen de réaliser des leçons plus pratiques et qu'en s'autorisant à expérimenter à nouveau, il trouvera d'autres moyens.

Conseil de classe

Lors du conseil de classe qui s'est tenu à la fin des deux premiers mois de l'année scolaire, j'ai décelé d'autres éléments qui indiquent que l'école publique "Oasis" est une unité scolaire distincte. Le conseil comprenait des éléments tels qu'un *coordinateur de roulement, un conseiller pédagogique et un professeur de salle de lecture, que l'*on ne trouve généralement pas dans les écoles publiques, qui sont souvent en sous-effectif. Cependant, d'après mon analyse, tout ce personnel disponible était mal utilisé, peut-être parce qu'il n'était arrivé que récemment à l'école. Dans un discours du directeur adjoint, j'ai noté que tous ces enseignants avaient été sollicités pour des projets qui pouvaient être développés lorsqu'une classe n'était pas ouverte. Il s'agissait d'une sorte de *palliatif,* plutôt que de quelque chose qui pouvait être discuté en conseil de classe et donc inclus dans le Projet Politique Pédagogique de l'école, dans lequel des stratégies pour sa réalisation et une date d'aboutissement seraient convenues.

Au cours de mes années d'enseignement dans le système scolaire, j'ai remarqué que les projets visant à "*boucher le trou*" sont une pratique courante dans les écoles, utilisée pour occuper le temps d'inactivité des élèves et maintenir l'ordre à l'école. Ils servent également à répartir les professionnels qui n'ont pas de travail pour une raison ou une autre ou à s'occuper d'autres professionnels qui recevraient de l'argent supplémentaire pour des projets extrascolaires. Lors d'un entretien avec le directeur de l'école, celui-ci a mentionné le projet Segundo Tempo du gouvernement fédéral, une sorte de projet *provisoire* dans le cadre duquel un professeur d'éducation physique travaillait sur un projet extrascolaire :

> [...] l'école avait le projet Segundo Tempo et j'ai gagné du matériel, un

ballon et un uniforme. C'*est* un projet du gouvernement fédéral qui était ici. En réalité, il s'*agit d'*un projet que les élèves réalisent pendant une autre période de travail ou pendant leur temps libre pour pratiquer une activité physique. Cela s'est passé ici, à l'école, et cela s'est terminé le samedi. Pendant la semaine, il y avait un professionnel, qui était le professeur d'éducation physique, que nous utilisions beaucoup, par exemple, lorsqu'il y avait des heures vacantes, qu'un professeur était absent ou qu'il n'y avait pas de temps. Il se rendait alors dans la cour et organisait des activités avec les classes.

Ce sont des pratiques de ce type, destinées à occuper le temps libre, sans planification adéquate ni justification pédagogique, qui sont qualifiées de "désinvestissement pédagogique" par les défenseurs du PPREF. Je suis d'accord pour dire que de cette façon, l'éducation physique se dévalorise, devenant une simple ACTIVITÉ, agissant en faisant pour le plaisir de faire. Il faut qu'il y ait une deuxième mi-temps, liée au sport, dans les écoles, mais pas de cette manière, dans le seul but de *boucher les trous* et de maintenir l'ordre dans les unités d'enseignement. Je suis favorable à une seconde mi-temps sportive, comme le mentionne le directeur, dans la contre-équipe, en dehors du programme, dans laquelle les élèves auraient accès à une pratique sportive systématisée, en essayant de s'amuser et de vivre toutes les expériences enrichissantes - de la part de professionnels engagés dans l'éducation - que le sport peut offrir.

Un autre aspect intéressant du Conseil a été la discussion sur le Projet Sport et Santé, qui fait partie du Projet Politique Pédagogique (PPP) de l'école et qui a été proposé autour des Jeux Olympiques de Rio 2016. Il a été proposé aux enseignants de travailler sur des thèmes dans chaque matière en lien avec les Jeux Olympiques et le Projet Sport et Santé. J'ai constaté dans les discours des représentants de la direction de l'école et des enseignants un engagement dans le développement du projet défini dans le PPP, avec des comptes-rendus d'activités pédagogiques très intéressantes développées dans les différentes classes.

Ainsi, afin de collaborer avec le Projet Sport et Santé, l'enseignant " X " a organisé le Tournoi de Futsal, afin, selon le principal adjoint, de " secouer l'école ". Je suis d'accord avec le proviseur adjoint, l'EPS est une discipline différente qui peut, par le mouvement, "secouer l'école", et c'est sa plus grande contribution à la revalorisation de l'espace scolaire. Cette " agitation ", nous l'avons vu, relève du langage du goût, comme l'a souligné Lovisolo (1997). Après les premières considérations du directeur, la parole est donnée à l'enseignant "X" pour faire le point sur la préparation du concours. Il s'est dit surpris par l'intérêt des élèves à participer au concours, sachant qu'un tel intérêt n'est pas très courant, étant donné que - une fois de plus - les élèves de l'EJA sont plus âgés et sont généralement fatigués par leur journée de travail quotidienne. Dans son discours, l'enseignant "X" a expliqué que les élèves lui avaient déjà demandé d'organiser le tournoi avant la proposition du conseil d'administration, et il a ajouté que les élèves du syndicat de l'école étaient très actifs dans l'organisation de la compétition.

En réponse à la surprise de l'enseignant, j'aborderai deux points. Le premier a été soulevé, une fois de plus, par la directrice adjointe de l'école, qui nous a informés que le public de l'école change et que davantage de jeunes sont inclus dans les classes Modulo I et II, et donc, selon elle, que de " nouvelles occurrences " ont lieu. Les commentaires de la directrice adjointe s'ajoutent aux analyses faites précédemment sur le public de l'EJA dans les écoles.

En ce qui concerne les unités scolaires, il ne fait aucun doute qu'il y a un changement dans le public pour cette forme d'éducation. Quant au deuxième point, qui a suscité l'étonnement de l'enseignant, je voudrais souligner que l'intérêt manifesté par les élèves vient du plaisir de jouer au football, d'agir pour l'esthétique - pas seulement pour la morale - que ces élèves ont reçu à un moment de leur vie - y compris la pratique positive du sport à l'école élémentaire - et qu'ils souhaitent reprendre à l'EJA.

Tournoi de futsal

Le tournoi de futsal de l'école a été l'un de mes derniers moments de recherche sur le terrain, mais c'était aussi ma première et unique visite sur le terrain de l'école. Il se trouvait à l'arrière de l'école, un peu *caché, et il fallait passer* par la cafétéria et franchir un petit portail pour y accéder. Je ne sais pas si on peut appeler cet espace une cour, il était extrêmement petit et les lignes de démarcation étaient très effacées, ce qui semble se répéter dans de nombreuses autres écoles publiques de Rio de Janeiro, qui ne disposent pas d'un espace adéquat et planifié pour la pratique de l'activité physique. Un autre point négatif était l'éclairage improvisé, qui rendait la cour un peu sombre d'un côté.

En raison des conditions limitées du terrain, les règles du sport ont subi quelques adaptations, comme le nombre de joueurs par équipe, qui a été réduit de 5 à 4. Plus de la moitié des classes (6 sur un total de 11) ont participé au tournoi, toutes essayant de s'organiser de la meilleure façon possible, certaines avec des uniformes numérotés et même des supporters. Je considère la participation des élèves comme très bonne. Ils étaient tous là, une fois de plus, pour le plaisir de jouer au football, tous enthousiastes et respectueux des règles convenues et des actions de l'arbitre : l'enseignant "X".

Il convient également de noter que la date du tournoi était la veille d'un jour férié, ce qui souligne encore la valeur de la présence des élèves. J'aimerais également souligner qu'il s'agit d'un exemple de la manière dont le sport, sous différentes formes, peut être inclus dans les cours d'éducation physique/YA et dans l'environnement scolaire. Pour moi, il s'agissait d'une démonstration du fait que le sport est un sujet plaisant qui devrait être exploré et expérimenté, et qui n'a pas besoin d'être écarté des cours pratiques pour les jeunes et les adultes.

Une fois de plus, je dis qu'il faut surmonter les barrières qui disent que ce n'est pas possible ou que les étudiants EJA ne sont pas intéressés par la pratique d'un sport ou d'une activité physique.

Dans le cadre du PPP de l'école, il était intéressant de voir la présence de membres de la direction de l'école et l'enregistrement du concours par des photographies, mais je n'ai pas remarqué l'implication des autres enseignants de l'école. Peut-être faudrait-il mettre en place une stratégie pour les impliquer davantage dans l'événement. Par exemple, un enseignant pourrait parrainer la classe, c'est-à-dire encourager la classe à participer et l'aider à s'organiser pour la compétition, en fournissant des uniformes, en encourageant les encouragements avec des affiches, des banderoles et des drapeaux.

Il convient de noter que la classe 302 a remporté le tournoi de futsal et a été la classe ayant le plus grand nombre de supporters, ce qui témoigne de l'unité de ses membres, comme nous l'avons souligné plus haut.

Interviews

Je vous présente maintenant les entretiens, avec leur transcription dans Integral, réalisés avec quelques figures importantes de la scène éducative. L'objectif des questions était double : 1) dresser un *profil de l'*étudiant EJA ; 2) essayer de discuter de certains problèmes liés à l'éducation physique et à l'éducation civique. Plus tard, j'analyserai les entretiens séparément, en débattant des questions soulevées par les réponses de ces personnages.

Entretien avec l'élève A
Question 1 : Quel âge avez-vous ? Qu'est-ce qui vous a poussé à vous inscrire aux cours d'EJA ?
A : 20 ans. Je suivais un cours de tourisme dans mon ancienne école et j'ai eu des complications à cause d'une erreur d'un professeur que je ne comprenais pas très bien. Mes amis et certains de mes professeurs savaient que j'avais raison, mais comme il n'était pas très présent, il m'a recalé, a regardé mon agenda et m'a dit que j'avais échoué. Quand je suis allée voir mon agenda, il n'y avait ni présence ni note, alors il m'a dit qu'il rentrerait chez lui pour voir s'il y avait quelque chose, et il a trouvé 3 de mes copies d'examen, et si vous y réfléchissez bien, si j'avais 3 copies d'examen, j'aurais une présence et une note, mais ma section de présence était vide, alors j'ai été

retardée. Cela a duré deux ans et ils n'ont rien résolu, j'allais être retenue pour une autre année, j'étais déjà en retard et je ne voulais pas l'être. Je ne voulais plus rien savoir, jusqu'à ce que ma voisine me parle de l'école et je me suis dit que c'était intéressant et je suis venue parce que j'ai des rêves, vous savez, alors j'ai fini par revenir. Comme ça, j'ai pu terminer mes études rapidement et j'ai pu travailler.

Question 2 : Habitez-vous près de l'école ? Où habitez-vous ?
R : Oui, j'habite à cinq minutes d'ici.

Question 3 : Avez-vous un emploi ? Parlez de ce que vous faites dans votre travail.
R : J'enseigne, je suis un professeur particulier dans ce cas, j'enseigne l'anglais et d'autres matières que mon élève a à l'école. Je vais chez les gens. J'aide aussi mon oncle, qui est le président de la Fédération Muai Tay, et je suis son assistant, vous savez, je l'aide avec l'argent, avec les publications, avec l'administration.

Question 4 : Avez-vous des enfants ?
A : Non

Question 5 : Avez-vous déjà redoublé et/ou dû abandonner l'école ? Pour quelle raison ?

A : J'ai déjà échoué, en 9ème année, parce que je ne voulais pas vraiment étudier. En fait, j'étais très, très, très studieux, mais j'ai commencé à sortir avec des filles et j'ai fini par me déconcentrer et échouer. Puis j'ai rencontré un autre groupe de personnes, toutes studieuses, et j'ai repris le dessus. Puis, quand je suis arrivé en deuxième année (au **lycée**), j'ai eu le problème dont je vous ai parlé.

Question 6 : Que faites-vous pendant votre temps libre ?
A : J'aime beaucoup jouer de la guitare et chanter, j'aime beaucoup aller au cinéma, à l'église aussi, je ne sais pas, c'est très difficile pour moi d'avoir du temps libre, ma

journée est très chargée, mais quand j'ai un peu de temps, je fais ces choses que j'aime.

Question 7 : Comment se sont déroulés les cours d'éducation physique dans l'école ou les écoles que vous avez fréquentées ?

A : Ils étaient très gentils et j'ai beaucoup appris. J'ai étudié à la Faetec et tous les deux mois, je choisissais un sport. J'ai donc fait beaucoup de choses, j'ai fait du foot, du handball, du karaté, du judo, de la danse, de la natation. [a]J'ai fait beaucoup de choses, de la première à la neuvième année. Au lycée, c'était comme ici à l'école, il parlait beaucoup de bien manger et il y avait cette partie où il nous faisait faire différents sports et de la gymnastique, nous faisions des abdominaux, ce genre de choses.

Question 8 : Avez-vous aimé/détesté les cours d'éducation physique ? Pourquoi ?

A : J'aime ça parce que, tout d'abord, c'est mon oncle qui m'a beaucoup ouvert les yeux, parce qu'il n'est pas seulement professeur de Muai Tay, il est aussi professeur d'éducation physique, donc il m'a aussi beaucoup appris sur la façon de bien manger et ainsi de suite, et cela rend les gens plus conscients, vous savez. La pratique du sport, le fait de ne pas être sédentaire et d'être en bonne santé.

Question 9 : Selon vous, à quoi devraient ressembler les cours d'éducation physique dans l'EJA ?

A : Ce serait bien d'avoir des sports et d'autres choses, peut-être que s'ils ajoutaient plus de dynamique, ce serait un peu mieux. Des dynamiques comme celle que nous avons faite ce jour-là, où il a fait une roue et nous avons dû en sortir, une activité de groupe. Mais comme c'est la nuit et qu'il y a beaucoup de gens qui travaillent le jour, c'est un peu compliqué pour certaines activités. Il y a beaucoup de jeunes ici qui peuvent courir comme vous l'avez vu, mais il y a aussi des gens ici qui travaillent trop et le soir ils n'ont pas la force de faire une activité, de courir comme ça. J'ajouterais seulement la dynamique, c'était bien, personne n'a fait beaucoup d'efforts, mais aussi, vous savez, nous avons appris un peu à faire quelque chose ensemble et aussi le fait que, comme, nous avons bougé un peu, vous savez.

Entretien avec l'étudiant B :

Question 1 : Quel âge avez-vous ? Qu'est-ce qui vous a poussé à vous inscrire aux cours d'EJA ?

A : 34 ans. Le désir de retourner à l'école, j'ai arrêté pendant longtemps, j'ai arrêté d'étudier quand j'avais 16 ans parce que je devais travailler, aider à la maison, ce genre de choses. Autrefois, c'était plus difficile de retourner à l'école, mais avec l'EJA, c'est beaucoup plus facile, c'est beaucoup plus pratique qu'avant. C'est plus facile pour vous de terminer, parce qu'il aurait fallu 3 ans, maintenant il n'y en a plus que 2, vous avez 1 an. À mon âge, un an, c'est beaucoup, c'est une énorme différence. L'EJA est venue m'aider. Lorsque j'aurai terminé ici, j'ai l'intention d'aller à l'université, en l'occurrence dans le privé, car je sais que je n'ai pas l'intelligence nécessaire pour entrer dans une université publique. Mais je suis sûr que lorsque vous me verrez l'année prochaine, j'irai à l'université, mais je paierai pour cela.

Question 2 : Habitez-vous près de l'école ? Où habitez-vous ?

R : Oui, oui, il me faut environ 20 minutes pour aller d'ici à chez moi.

Question 3 : Avez-vous un emploi ? Parlez de ce que vous faites dans votre travail.

A : Je suis indépendant, je suis photographe. Je travaille le matin dans un studio à Campo
Grande, je prends des photos, je les développe, etc. J'y
travaille du lundi au vendredi jusqu'à 15 heures environ. Le week-end, je travaille à l'extérieur, je travaille beaucoup dans les salles de concert. Je n'ai pas de contrat formel à Campo Grande.

Question 4 : Avez-vous des enfants ?

A : Oui. Une fille de 12 ans.

Question 5 : Avez-vous déjà redoublé et/ou dû abandonner l'école ? Pour quelle raison ?

R : Je n'ai jamais redoublé, mais j'ai dû abandonner. J'ai arrêté à 15 ans, en 7ème annéeᵃ , et j'ai commencé à travailler, j'étais un jeune apprenti. Ma famille était très problématique, je n'avais pas un bon milieu familial.

Question 6 : Que faites-vous pendant votre temps libre ?

A : C'est quelque chose que je n'ai pas, le seul moment où je suis libre, c'est le dimanche à partir de 15 heures, et parfois je me réveille le vendredi matin et je ne me couche pas avant le dimanche. Le dimanche, quand je rentre à la maison, je sors. Une autre chose que je fais quand je rentre tôt, avant d'aller à l'école, c'est de m'entraîner à la salle de sport. J'y arrive deux fois par semaine.

Question 7 : Comment se sont déroulés les cours d'éducation physique dans l'école ou les écoles que vous avez fréquentées ?

A : C'était bien, il y avait beaucoup d'activités physiques, à l'époque c'était plus axé sur l'éducation physique : le football, le handball. Les cours étaient bien, on courait, il y avait du foot sur le terrain.

Question 8 : Avez-vous aimé/détesté les cours d'éducation physique ? Pourquoi ?

R : J'aimerais bien et je le fais. C'est un sujet qui me passionne, je trouve les cours du professeur intéressants, sa théorie. Au début, je ne pensais pas être intéressée parce que c'est quelque chose que je pratique déjà, mais il m'a donné des informations très intéressantes. A l'époque, j'étais " jeune ", j'aimais beaucoup ça, il s'agissait de jouer au foot.

Question 9 : Selon vous, à quoi devraient ressembler les cours d'éducation physique dans l'EJA ?

A : Je pense que c'est nécessaire, il y a aussi des gens d'un certain âge, les gens rentrent fatigués du travail, ils n'en peuvent plus. C'est comme ça, ce match que nous avons fait (en **référence au tournoi de futsal organisé à l'école**) pour faire bouger les gens, ceux qui veulent jouer, j'ai pensé que c'était intéressant. Il n'est pas question que les femmes descendent pour jouer. Une autre bonne leçon, c'est celle qu'il a faite, où il fallait se tenir par la main, en groupe (en référence **à la dynamique de groupe proposée par le professeur "X"**). Ses cours sont très bons, intéressants.

Entretien avec l'étudiant C :

Question 1 : Quel âge avez-vous ? Qu'est-ce qui vous a poussé à vous inscrire aux cours d'EJA ?

A : 51 ans. Je voulais terminer le lycée pour pouvoir aller à l'université. Mes études ont été interrompues, j'ai eu un enfant, j'ai donc dû être père et mère en même temps, travailler, m'occuper des choses, je n'ai pas étudié pendant toutes ces années et maintenant que mes enfants sont grands, j'ai recommencé à étudier.

Question 2 : Habitez-vous près de l'école ? Où habitez-vous ?

R : J'habite tout près, on peut faire l'aller-retour à pied.

Question 3 : Avez-vous un emploi ? Parlez de ce que vous faites dans votre travail.

A : Non, je ne fais qu'étudier. Le matin, j'étudie l'informatique et le tourisme et le soir, je viens ici. Le samedi, je passe les examens d'entrée à l'université. J'ai l'intention d'étudier la gastronomie pour combiner la gastronomie et le tourisme, ce serait du tourisme gastronomique, c'est mon intention et je vais y arriver, j'en suis sûr.

Question 4 : Avez-vous des enfants ?

A : Oui. J'ai une fille de 33 ans et deux petites-filles.

Question 5 : Avez-vous déjà redoublé et/ou dû abandonner l'école ? Pour quelle raison ?

R : Je n'ai jamais redoublé, je me suis toujours consacrée à mes études, même avant d'arrêter, et j'ai arrêté précisément à cause de cela, je suis devenue mère très tôt et j'ai dû abandonner mes études pour élever ma fille. À l'époque, j'ai terminé l'école primaire et j'ai arrêté.

Question 6 : Que faites-vous pendant votre temps libre ?

R : C'est un peu difficile, ces trois dernières années, je n'ai pas connu de temps libre et les quelques heures qui me restent sont consacrées à l'étude, à la concentration sur mes études. Je me lève tôt, je prépare à manger, je fais la lessive, je déjeune souvent, je sors courir et je ne rentre que le soir.

Question 7 : Comment se sont déroulés les cours d'éducation physique dans l'école ou les écoles que vous avez fréquentées ?

A : C'était l'ancien système, on allait sur le terrain et on faisait des sauts, on s'échauffait, on courait, je n'ai jamais eu de cours d'éducation physique comme aujourd'hui, de théorie, on apprenait, c'était plus de l'exercice, juste des exercices, on jouait, il y avait le volley-ball, c'était plus comme du sport.

Question 8 : Avez-vous aimé/détesté les cours d'éducation physique ? Pourquoi ?

A : A l'époque, j'adorais ça, j'étais un adolescent et tout ce que je faisais était vraiment bien. Aujourd'hui, à part le fait que je n'ai pas le temps et cet autre aspect que j'apprends maintenant, cela m'a été plus bénéfique, je pense qu'il y a beaucoup de choses à enseigner, l'éducation physique elle-même. Parce que tout le monde a cette idée que l'éducation physique se résume à faire de l'exercice et ce n'est pas le cas, il y a beaucoup de choses à apprendre : sur la nutrition, sur la posture ; c'est quelque chose que je ne voyais pas comme de l'éducation physique, je le voyais plus comme une partie médicale, comme l'endocrinologie, je le voyais différemment, donc ça m'a surpris, j'ai adoré ça.

Question 9 : Selon vous, à quoi devraient ressembler les cours d'éducation physique dans l'EJA ?

A : C'est comme ça. C'est très éducatif, on apprend beaucoup, en termes d'obésité, en termes de prendre soin de soi, en termes de boire de l'eau, il y a des gens qui ne savent même pas comment boire de l'eau, comment manger correctement, même les postures que nous devons avoir au quotidien, que nous passons un peu inaperçus ou même que nous finissons par faire des erreurs à cause de notre manque de connaissances. Je pense donc que ces cours sont très importants.

Entretien avec le directeur de l'école :

Question 1 : Comment achetez-vous le matériel pédagogique pour les cours d'éducation physique ? Existe-t-il un budget à cet effet ?

R : Certaines années, nous avons reçu des fonds spécifiques de l'État pour acheter des équipements sportifs. Je ne me souviens pas de la dernière fois, je pense que c'était en 2014, mais nous l'avons fait. Il y a même tout un processus de responsabilisation. Vous ne pouvez acheter que du matériel spécifique. Cela ne m'empêche pas de dépenser l'argent de l'école, que nous recevons au cours de l'année, pour acheter des équipements sportifs.

Mais j'ai aussi, en plus de cela, l'école avait le projet Second Time et j'ai donc reçu du matériel, un ballon, un uniforme. C'est un projet du gouvernement fédéral que j'ai eu ici. En réalité, il s'agit d'un projet que les élèves réalisent pendant une autre période de travail ou pendant leur temps libre, dans le cadre duquel ils pratiquent une activité physique. Cela s'est passé ici à l'école, le samedi, et pendant la semaine, il y avait un professionnel, le professeur d'éducation physique, que nous utilisions beaucoup, par exemple, lorsqu'il y avait des heures vacantes, qu'un professeur était absent ou qu'il n'y avait pas de temps. Il se rendait alors dans la cour et organisait des activités avec les classes.

Question 2 : J'ai remarqué qu'il existe une formation pour les enseignants qui travaillent avec l'EJA, y compris des plateformes *en ligne* et des *chats* pour discuter des thèmes des différents sujets. Pourriez-vous nous en parler ?

A : Tous les enseignants de l'EJA ici à l'école ont suivi un cours de formation pour l'EJA, qui a été donné par le CECIERJ (la **fondation responsable de la préparation et de l'enseignement des cours de perfectionnement pour les enseignants dans le réseau de l'éducation nationale**), qui était également l'organisation qui a fait les manuels spécifiques pour l'EJA, qui malheureusement a maintenant pris fin. Ce cours est dispensé en face à face et par l'intermédiaire d'une plateforme à laquelle il accède également, puis il effectue des activités, des tâches, du travail, etc. Il y a même un tuteur pour coordonner ces activités. Cette année, ce cours devrait encore avoir lieu parce qu'on m'a demandé les noms des enseignants qui ne l'avaient pas encore suivi, mais tout le monde ici l'avait déjà fait.

Question 3 : Les élèves/enseignants reçoivent-ils du matériel pédagogique, des documents ou des livres, lorsqu'ils commencent les cours d'éducation physique ?

R : Jusqu'en 2013, tout le monde a reçu du matériel pédagogique, mais en 2014, le matériel a été rationné, seuls les modules 1 et 4 l'ont reçu. Depuis 2015, plus rien par tranches. L'enseignant a toujours son matériel, qu'il a reçu à l'époque, mais l'étudiant ne le reçoit plus. Si on nous avait dit que le matériel n'arriverait plus, nous aurions fait la même chose que pour le matériel normal : regarder, rendre le livre, mais malheureusement...

Question 4 : Existe-t-il des lignes directrices spécifiques pour le programme d'études de l'EJA que les enseignants devraient suivre dans leur planification ?

R : Il y en a, c'est sur le *site web, sur le* site web de notre **école**, sur le site web du Seeduc (Département de l'Education de l'Etat), c'est spécifique à chaque matière. Le projet NEJA est distinct, il dispose de toute la législation nécessaire et d'un cadre pédagogique complet. Depuis le début du projet EJA, il y a eu ces lignes directrices, nous sommes arrivés ici en 2008, le dernier qui a pris du temps était le quatrième module qui a été mis en œuvre en 2014.

Question 5 : La direction exerce-t-elle des pressions pour planifier les cours d'éducation physique et de sport ?

R : Chaque matière de l'unité scolaire, chaque année - dans le cas de l'éducation physique, il n'y a que six mois - doit soumettre son plan conformément au projet pédagogique politique de l'école.

Entretien avec le professeur "X" :

Question 1 : Parlez-nous de votre planification annuelle des cours d'éducation physique pour les élèves EJA/EM.

R : La planification est en fait basée sur le livre de l'EJA, qui est destiné à l'EJA. Ce livre est publié par le département de l'éducation de l'État de Rio de Janeiro. J'élabore un plan de cours sur la base de ce livre. L'État de Rio de Janeiro n'a pas de lignes directrices spécifiques pour le programme d'études de l'EJA.

Question 2 : Compte tenu de l'hétérogénéité du groupe EJA, comment développez-vous vos pratiques ?

R : Tout d'abord, j'essaie d'écouter les élèves. Cela dépend aussi des caractéristiques de l'école, il y a des écoles qui ont un endroit où nous pouvons nous entraîner et d'autres qui n'en ont pas. Nous essayons également de nous adapter aux réalités. Nous essayons aussi de nous adapter aux réalités. Ici, à l'école, nous avons un terrain, mais les élèves sont très réticents. Nous avons réussi à organiser un tournoi à l'école, qui ne s'adresse qu'au public de l'EJA. Je pense que c'était bien, c'était positif, et quand j'essaie de développer une activité pratique, ils l'acceptent, alors j'essaie de faire de la dynamique de groupe, des activités qui impliquent le travail d'équipe, la socialisation ; un cours de relaxation ; des étirements, surtout parce que la plupart d'entre eux travaillent. Si vous leur dites qu'il va y avoir une activité physique, ils craignent immédiatement que ce soit quelque chose de lourd, ils sont encore très concentrés sur l'éducation physique militariste et axée sur le sport. C'est donc la voie que j'essaie de suivre pour les impliquer dans une activité pratique, afin qu'ils puissent commencer à avoir une interaction plus intéressante avec l'activité physique. J'ai remarqué que les modes de vie sédentaires parmi les étudiants de l'EJA augmentent, parce que les gens ont mis beaucoup de priorités sur la table et oublient de prendre soin de leur santé, et nous, en tant qu'éducateurs d'éducation physique, nous devons valoriser cela. Prendre soin de la santé en général. J'essaie donc de créer des stratégies pour qu'ils considèrent la pratique d'une activité physique comme quelque chose d'intéressant, parce que la plupart d'entre eux se sentent mieux après avoir fait, par exemple, un cours d'étirement ou de relaxation.

Question 3 : Connaissez-vous l'existence d'un matériel pédagogique spécifique pour l'EJA ? L'utilisez-vous dans vos cours ?

R : Oui, je le fais. Le livre que j'ai reçu est intéressant et il y a deux chapitres sur lesquels j'aime travailler : celui qui parle de la qualité de vie, de la santé et celui qui parle des politiques publiques de loisir, pour que les étudiants comprennent le concept de loisir, de travail et comment le diviser. Ce sont les deux chapitres que j'aime vraiment et les deux autres sont intéressants, mais les étudiants ne s'impliquent pas beaucoup. Ils parlent de l'histoire de l'éducation physique, de l'histoire des jeux et de la lutte. Avec le public de l'EJA, les cours du soir, il est difficile de développer une activité pratique avec eux et quand vous parlez de sujets qui sont liés à leur vie quotidienne, vous arrivez à amener la classe à vous et ils aiment beaucoup, cela finit par être une classe très attrayante parce que ce sont des sujets de leur vie quotidienne.

Question 4 : Connaissez-vous ou avez-vous participé à une formation à l'enseignement de l'éducation à la citoyenneté européenne ?

R : J'ai participé à un cours de formation pour l'EJA, au cours duquel nous avons reçu un livre et un CD pour développer des activités, des projets, à réaliser avec l'élève à l'école et à développer à la maison. C'est donc l'orientation donnée par le Secrétaire d'Etat. J'ai particulièrement apprécié la formation, car je suis dans une phase où j'essaie de me former, de me développer. Cette formation était en fait semi-présentielle, il n'y a eu que deux cours en personne dans une école du quartier d'Andarai, ce qui était très bien. Le personnel chargé de l'éducation physique a reçu une formation spécifique et l'échange d'idées a été très fructueux. Dès le premier cours, une structure a été mise en place, un *site web,* sur lequel nous avons reçu une formation à distance. J'ai aimé ça, c'était comme un diplôme à distance.

Question 5 : Connaissez-vous l'existence de plateformes *en ligne* qui encouragent les discussions sur les cours d'éducation physique pour l'EJA ?

R : Oui, comme je le disais, vous aviez des activités à développer, en rapport avec l'EJA, divers textes sur l'histoire de l'EJA et tout le reste, des professeurs

à la fin de chaque semestre, nous, les enseignants, mettions au point des leçons et les enseignants (**tuteurs de formation**) évaluaient les leçons en fonction des thèmes proposés dans le livre. Tout cela en *ligne*. Nous fixions des dates pour la remise des travaux et le plus intéressant, c'est qu'à un moment donné, le professeur (**tuteur de formation**) commentait ce que vous faisiez, il voulait comprendre votre texte, vous donniez votre avis aussi, donc pour moi, dans ce sens-là, c'était vraiment bien. Vous apprenez à connaître les difficultés que tout le monde rencontre et que vous pensez parfois n'être que les vôtres. C'était vraiment bien pour moi. Nous avions deux ou trois tuteurs et au début, lorsqu'il s'agissait de gérer la plateforme, de trouver le matériel, ils nous ont beaucoup aidés. Je me suis inscrite à la formation au début pour la bourse payée, mais le résultat du cours était très bon, la bourse était également intéressante, c'était une bourse mensuelle, le cours a duré 6 mois et j'ai gagné 300 reais de plus pour étudier, ce que j'ai trouvé bien, sans avoir à quitter la maison.

Question 6 : Parlez des conditions offertes par l'école pour vos cours.

A : Ici, l'école, je ne sais pas s'il y a d'autres écoles qui travaillent uniquement avec l'EJA, c'est très favorable, en ce qui concerne l'infrastructure, je pense que c'est très bien, merveilleux, l'équipe, la gestion, la coordination, ils fournissent une structure, tout ce que nous demandons, bien sûr, dans les limites des possibilités de l'école, est fait. L'environnement de travail est très bon, la clientèle, les étudiants eux-mêmes, vous pouvez développer votre cours, donc j'aime vraiment travailler ici. Nous avons récemment organisé un tournoi de futsal et l'école disposait d'un matériel très intéressant, d'un jeu de maillots, en d'autres termes, d'une très belle structure par rapport à ce que l'on voit dans la plupart des endroits. En ce sens, les activités en classe sont intéressantes, l'école est bien structurée (en **référence à l'équipement de projection et audio disponible dans toutes les salles de classe**).

Analyse des entretiens

Certains entretiens ont déjà été mis en évidence dans les discussions précédentes ici, mais je crois que les analyser séparément offre l'opportunité de nouvelles discussions pertinentes sur les points spécifiques liés à l'éducation physique à l'école, soulevés par les sujets scolaires dans leurs réponses.

J'analyserai les entretiens avec trois élèves de la classe 302 et avec le directeur de l'école. L'entretien avec l'enseignant "X" ne sera pas analysé, car il a déjà fait l'objet d'une attention particulière plus haut dans ce chapitre.

Les étudiants

A ce stade, nous nous concentrerons sur l'analyse des entretiens avec les élèves. Je les ai choisis de manière ciblée, en fonction de leur tranche d'âge. Je voulais entendre des réponses différentes de la part de personnes à différents stades de la vie, à savoir l'adolescence, l'âge adulte et ce que j'appelle la vieillesse.

Question 1 : Quel âge avez-vous ? Qu'est-ce qui vous a poussé à vous inscrire aux cours d'EJA ? Question 4 : Avez-vous des enfants ? Question 5 : Avez-vous déjà redoublé et/ou dû abandonner l'école ? Pour quelle raison ?

Ces questions étaient liées à un certain *profil* - comme nous l'avons souligné précédemment - des étudiants de l'EJA, qui déclarent être ceux qui, pour une raison ou une autre, ont dû abandonner l'école et qui considèrent donc l'EJA comme une option viable pour reprendre leurs études en vue d'un avenir meilleur. La question 5, en particulier, visait à déterminer si le fait d'avoir été retardé à l'école primaire pouvait constituer, pour les personnes interrogées, une incitation à rechercher l'EJA, mais aucune réponse ne l'a indiqué.

Au cours de cette petite enquête, j'ai pu vérifier quelques histoires qui correspondent au *profil de l'*étudiant qui, pour une raison ou une autre, a dû arrêter ses études et a suivi la voie de l'EJA pour les reprendre :

> [...] Je ne voulais plus rien savoir, jusqu'à ce que ma voisine me parle de l'école et j'ai pensé que c'était intéressant et je suis venue parce que j'ai des rêves, vous savez, alors j'ai fini par revenir. Comme ça, j'ai pu finir mes études rapidement et j'ai pu travailler. (Élève A)

> [J'ai arrêté mes études à 16 ans parce que je devais travailler, aider à la maison, etc. Autrefois, il était plus difficile de reprendre des études, mais avec l'EJA, c'est beaucoup plus facile, *c'est* beaucoup plus pratique qu'avant. C'est plus facile pour vous de terminer, parce que cela aurait été 3 ans, puis c'est passé à 2, vous gagnez 1 an. A mon âge, 1 an, *c'est* beaucoup, c'est une énorme différence. (élève B)

> Parce que je voulais terminer l'école secondaire pour pouvoir aller à l'université (**en réponse à la question 1**). Mes études ont été interrompues, j'ai eu un enfant, j'ai dû être père et mère en même temps, travailler, m'occuper des choses, je n'ai pas étudié pendant toutes ces années et maintenant que mes enfants sont grands, j'ai recommencé à étudier. (Étudiant C)

Ce qui m'a frappé positivement dans les réponses, c'est le rêve, le désir d'aller à l'université et de pouvoir progresser dans leurs études, même à 51 ans, dans le cas de l'étudiant C. Ils augmenteraient ainsi le nombre de Brésiliens issus de l'école publique qui accèdent à l'enseignement supérieur, un nombre qui n'est sans doute pas très significatif sur le plan national.

Un autre point intéressant a été soulevé par l'étudiant B, lorsqu'il a évoqué l'entrée dans l'enseignement supérieur via un établissement privé, conscient que, malgré les efforts des politiques publiques telles que les quotas pour les Noirs et les personnes à faibles revenus, l'entrée dans un établissement public n'est une réalité que pour une petite partie de la population, privilégiée sur le plan socio-économique.

> L'EJA est venue m'aider. Lorsque j'aurai terminé ici, j'ai l'intention d'aller à l'université, en l'occurrence une université privée, car je sais que je n'ai pas l'intelligence nécessaire pour entrer dans une université publique. Mais je suis sûr que lorsque vous me verrez l'année prochaine, j'irai à l'université, mais je paierai pour cela.

L'étudiant B sous-entend, à mon avis, que l'enseignement public de base ne prépare pas les étudiants à l'accès à l'enseignement supérieur. Je comprends qu'en matière d'*apprentissage, l'*enseignement public, en particulier, laisse à désirer. En étudiant les résultats de PISA 2000, Oliveira et Araujo (2005, p.15) ont rapporté que 56% des élèves brésiliens qui ont participé au test, y compris les élèves des écoles publiques et privées, "ont démontré qu'à la fin de l'étape élémentaire de la scolarité, ils étaient capables, tout au plus, de comprendre des textes simples".

Cependant, je comprends que le succès de l'éducation est quelque chose de beaucoup plus complexe, qui va au-delà de l'aspect cognitif, en d'autres termes, il va au-delà d'une relation directe entre l'enseignement et l'apprentissage. Comme l'affirme Ball (2001 ; 2002 ; 2004 ; 2005), nous devons nous éloigner de la logique simpliste créée par l'*éducation de marché* - résultat de politiques publiques mondialisées qui considèrent l'éducation comme une grande entreprise - dans laquelle la performativité : de bonnes performances dans les évaluations, seraient le résultat de la somme d'une bonne gestion et d'un bon contrôle du travail des enseignants.

Dans l'*équation* décrite ci-dessus, un facteur très important n'est pas pris en compte : le niveau socio-économique des élèves. Oliveira et Araujo (2005, p.16) collaborent à nouveau avec cette étude en analysant les données de PISA 2000 :

Les élèves les plus performants dans l'enquête PISA proviennent souvent d'écoles composées de groupes socio-économiquement favorisés. Les résultats du test montrent que les différences socio-économiques ont un impact sur la différenciation du système scolaire et que celle-ci est étroitement liée aux performances scolaires élevées ou faibles des élèves.

Je comprends qu'il existe une relation entrelacée, sans cause ni effet, entre l'éducation et les conditions socio-économiques, et je critique donc le discours qui prétend que les améliorations socio-économiques dépendent de l'éducation, en traitant la question de manière objective et en ne voyant pas ses subjectivités, sa complexité. En analysant les significations de la qualité de l'éducation sous l'administration présidentielle du PT, Matheus et Lopes (2014, p. 346) problématisent la relation entre le progrès social et l'effet exclusif d'une bonne éducation :

> Il est intéressant de souligner que le contraire n'est pas souligné dans les documents relatifs aux programmes d'études et dans les programmes gouvernementaux. Il n'est pas dit que la satisfaction des exigences sociales ne conduit pas à la satisfaction des exigences éducatives, ou qu'une société plus juste est capable de favoriser le processus de mise en place d'une éducation de qualité.

Il n'existe aucun moyen de réduire les problèmes complexes de l'éducation à un seul aspect contrôlable (cognitif) qui, par le biais d'intrants et de la gestion, pourrait être résolu. Enfin, je suis d'accord avec Coelho (2008, p.235) lorsqu'il dit :

> [...] l'accent mis sur les variables technologiques de l'école a limité l'efficacité de l'école à un espace d'instruction et la culture a été réduite à des normes d'excellence scolaire ("un curriculum cohérent" et "l'opportunité d'apprendre"). Cette efficacité ne tient pas compte des processus culturels et sociaux spécifiques à l'œuvre dans l'éducation [...]

Question 2 : Habitez-vous près de l'école ? Où habitez-vous ?

Mon intention avec cette question était de voir s'il y avait une quelconque pénurie d'écoles pour répondre à la demande de la population, en d'autres termes, si les étudiants devaient parcourir une longue distance pour étudier. Cette pénurie peut encore être importante dans d'autres États brésiliens, mais à Rio de Janeiro, je pense qu'elle a été réduite. Fonseca (2009, p. 161) indique que dans les années 1970, le régime militaire a considérablement développé "l'offre d'éducation publique à tous les niveaux".

Ainsi, les réponses obtenues confirment que l'abandon de l'école primaire à l'école secondaire et la diminution du nombre de diplômés de l'école secondaire par rapport aux diplômés de l'école primaire ne semblent pas être un problème, du moins dans la municipalité de Rio de Janeiro, de manque d'écoles publiques.

Question 3 : Avez-vous un emploi ? Parlez de ce que vous faites dans votre travail.

Par cette question, je voulais savoir comment ce petit groupe se situe par rapport au travail, en d'autres termes, s'il a un emploi formel ou informel. Les réponses correspondaient à mon soupçon, qui nécessiterait une étude plus approfondie, selon lequel la majorité des étudiants de l'EJA travaillent de manière informelle, sans contrat formel. Peut-être que l'absence même d'un cycle complet d'éducation de base rend impossible la recherche d'un emploi avec un contrat formel de nos jours.

> Je suis indépendant, je suis photographe. Je travaille le matin dans un studio à Campo Grande, je prends des photos, je les développe, ce genre de choses. Je travaille là du lundi au vendredi jusqu'à 15 heures environ, et le week-end je travaille à l'extérieur, je travaille beaucoup dans les salles de concert. (Élève B)

> J'enseigne donc, je suis un professeur privé dans ce cas, j'enseigne l'anglais et d'autres matières que mon élève a à l'école. Je vais chez les gens. (Élève

A)

Question 6 : Que faites-vous habituellement pendant votre temps libre ?

Cette question visait à discuter d'une problématique latente en éducation physique scolaire liée à la santé et à la qualité de vie. Il existe un fort courant d'auteurs qui préconisent l'enseignement théorique des questions liées à ce thème, par exemple le soin apporté à l'alimentation, l'activité physique régulière et le temps libre pour les loisirs, afin que les élèves apprennent ce contenu et l'appliquent à leur vie, ce qui constitue l'une des contributions de l'EP à la société.

Comme nous l'avons vu plus haut, il s'agit de questions intéressantes qui sont souvent abordées dans les cours du professeur X, mais je suis d'accord avec Palma et ses collègues (2012, p.105) pour dire qu'il existe une " idéologie de la santé " qui utilise un discours clair dans lequel les gens ne prennent pas soin d'eux-mêmes et que la responsabilité d'être mince ou de pratiquer une activité physique incombe uniquement et exclusivement à l'individu, sans tenir compte du fait que la santé et la qualité de vie sont également liées à des conditions socio-économiques. Il est nécessaire de "voir la vulnérabilité de certains groupes sociaux, qui sont souvent incapables d'exercer leurs droits à la santé" (PALMA, 2000, p.98).

Je ne veux pas dire ici que les contenus sur la santé et la qualité de vie enseignés dans les écoles n'ont pas de sens ou sont inutiles, mais je propose qu'en abordant le sujet, il est important de discuter avec les élèves des significations attribuées à la santé. Si, par hasard, un élève se sent coupable de ne pas *prendre soin de sa* santé, il doit se déculpabiliser, sachant que la santé et la qualité de vie doivent souvent être mises de côté au nom de la **survie**. En effet, comment prendre *soin de sa* santé avec 10/12 heures de travail par jour ? Comment le faire quand on doit travailler, étudier et s'occuper de son foyer ?

Voici quelques-unes des réponses des personnes interrogées sur l'utilisation de leur *temps libre* :

C'est un peu difficile ces derniers temps, cela fait trois ans que je ne sais pas ce que *c'est que d'*avoir du temps libre, et le peu d'heures qu'il me reste, *je les consacre à* étudier, à me concentrer sur mes études. Je me lève tôt, je fais à manger, je fais la lessive, souvent je déjeune, je sors et je ne rentre que le soir. (Étudiant C)

C'est quelque chose que je n'ai pas, le seul moment où je suis libre, c'est le dimanche à partir de 15 heures, et parfois je me réveille le vendredi matin et je ne me couche pas avant le dimanche. Quand je rentre chez moi le dimanche, je m'endors. (élève B)

<u>Question 7 : Comment se sont déroulés les cours d'éducation physique dans l'école ou les écoles que vous avez fréquentées ? Question 8 : Avez-vous aimé ou détesté les cours d'éducation physique ? Pourquoi ? Question 9 : Selon vous, à quoi devraient ressembler les cours d'éducation physique dans l'EJA ?</u>

L'objectif de ces questions était de mener une brève enquête sur les cours d'éducation physique à l'école primaire et sur leur place dans l'école primaire européenne, afin d'observer comment les personnes interrogées exprimaient leur plaisir des cours, à la fois à l'école primaire et dans leurs cours actuels de l'école primaire européenne.

Les réponses données sur les cours d'éducation physique à l'école primaire et sur le fait d'avoir apprécié les cours à cette époque confirment deux points : le premier confirme certaines études réalisées dans le domaine de l'EP/YA, dans lesquelles le sport était cité comme hégémonique, en particulier le futsal (garçons) et le volley-ball (filles), et que les élèves avaient une opinion commune selon laquelle l'EP concernait le sport, l'amusement et la santé. Selon Mazzoti et Pereira (2008) et Ojeda (2011), à aucun moment les élèves n'associent l'EP à des connaissances formelles. L'association entre discipline et *activité* prévaut.

Voici quelques-unes des réponses données à la question 7 qui renforcent ce qui précède :

> C'était l'ancien système, on allait sur le terrain et on faisait des sauts, on s'échauffait, on courait rë, je n'ai jamais eu de cours d'éducation physique comme aujourd'hui, de théorie rë, on apprenait, c'était plus de l'exercice, juste faire des exercices, jouer, il y avait le volley-ball, c'était plus comme du sport. (Élève C)

> C'était bien, il y avait beaucoup d'activités physiques, à l'époque c'était plus axé sur l'éducation physique : le football, le handball. Les cours étaient bien, on courait, il y avait du foot sur le terrain. (élève B)

> Ils étaient formidables et j'ai beaucoup appris. J'ai étudié à la Faetec et tous les deux mois, je choisissais un sport. J'ai donc fait beaucoup de choses, du football, du handball, du karaté, du judo, de la danse, de la natation. J'ai fait beaucoup de choses, de la première à la neuvième année.[a] (élève A)

La deuxième question que j'ai soulevée est liée au plaisir des cours d'éducation physique. Tous les élèves interrogés ont déclaré qu'ils aimaient pratiquer le sport lorsqu'ils étaient à l'école primaire, ce qui me permet de revenir sur le fait que le sport n'a pas à être le grand méchant de l'EP et qu'il peut coexister avec la mission définie par les défenseurs du PPREF, à savoir travailler sur des contenus socialement pertinents. Une fois de plus, j'insiste sur le fait que le goût et l'utilité peuvent aller de pair en EP et que l'esthétique est un allié important de l'EP pour libérer les corps de l'homogénéisation de la classe et contribuer à revaloriser l'école en tant qu'institution.

En ce sens, il convient de souligner certaines des réponses données à la question 8 :

> À l'époque, j'adorais ça, j'étais un adolescent et tout ce que je faisais était vraiment bien. Aujourd'hui, je n'ai plus le temps et cet autre aspect, que j'apprends aujourd'hui, m'est plus bénéfique, je pense qu'il y a beaucoup à enseigner, l'éducation physique elle-même. Parce que tout le monde a l'idée que l'éducation physique se résume à faire de l'exercice et ce n'est pas le cas, il y a beaucoup de choses à apprendre : sur la nutrition, sur la posture (élève C).

J'ai aimé et j'aime bien. C'est un sujet qui me passionne, je trouve les cours du professeur intéressants, sa théorie. Au début, je ne pensais pas que ça m'intéresserait parce que c'est quelque chose que je pratique déjà, mais il m'a donné des informations très intéressantes. Dans le temps, quand j'étais jeune, j'aimais beaucoup ça, c'était pour jouer au foot". (élève B)

Les réponses citées ci-dessus montrent également qu'ils reconnaissent l'importance des contenus théoriques appris dans les cours d'EP/YA. Je constate que les élèves, à leur manière, valorisent l'EP tant sur le plan de l'utilité que de l'esthétique. Cela démontre le soin apporté à l'enseignement de l'EP pour éviter une seule voie possible. Je pense que les façons de travailler (esthétique et normes/utilité) se complètent et que les leçons théoriques en classe peuvent être renforcées par des leçons pratiques sur les terrains ou dans d'autres espaces de l'école. S'en tenir à une seule façon d'enseigner les composantes du programme d'éducation physique revient à limiter les expériences et à ne pas expérimenter.

Les réponses à la question 9 renforcent l'idée d'une EP sans programme *fermé*, dans laquelle les élèves citent l'importance du contenu traité en classe dans l'unité Santé et qualité de vie, mais aussi, dans deux cas, citent positivement le sport ; le tournoi de futsal ou même la dynamique coopérative amusante fournie dans l'une des classes de l'enseignant "X".

Je pense que ça doit être pareil, il y a des gens d'un certain âge aussi, les gens rentrent fatigués du travail, ils n'en peuvent plus. Le jeu que nous avons fait (en **référence au tournoi de futsal organisé à l'école**) pour faire bouger les gens, ceux qui veulent jouer, j'ai trouvé ça intéressant. Il n'est pas question que les dames descendent pour jouer. Une autre bonne leçon, c'est celle qu'il a donnée, où il fallait se tenir la main, en groupe (**référence à la dynamique de groupe proposée par l'enseignant "X"**). (élève B)

Ce serait bien d'avoir des sports et d'autres choses, peut-être que s'ils ajoutaient plus de dynamique, ce serait un peu mieux. Des dynamiques comme celle que nous avons faite ce jour-là, où il a fait une roue et où nous devions en sortir, une activité de groupe. Mais ici, comme *c'est la* nuit et qu'il y a beaucoup de gens qui travaillent le jour, ça devient un peu compliqué pour certaines activités. (élève A)

C'est comme ça. C'est très éducatif, on apprend beaucoup, en termes d'obésité, en termes de prendre soin de soi, en termes de boire de l'eau, il y a des gens qui ne savent même pas comment boire de l'eau, comment manger correctement, même les postures qu'on doit avoir au quotidien, on passe un peu inaperçu ou on finit même par faire des erreurs par manque de connaissance. (élève C)

A partir des réponses données ci-dessus, je peux dire que le discours du PPREF, dans le cas précis de l'école publique de l'Oasis, est hégémonique et que les pratiques réalisées dans les cours d'EPS sont conformes au discours de ses défenseurs, mais je peux aussi constater qu'il y a un grand désir de MOUVEMENT, et parmi les nombreuses possibilités de mouvement : le sport.

Directeur d'école

Je vais maintenant analyser l'entretien avec le directeur de l'école, en essayant de commenter les questions importantes liées aux politiques publiques d'éducation et d'enquêter sur les investissements publics qui sont faits pour orienter le travail des enseignants vers la *transmission et l'assimilation d'un* contenu spécifique, défini dans les lignes directrices du programme et exigé dans les évaluations externes de l'école. Cela aide le groupe PPREF à consolider/perpétuer son pouvoir et représente ce que Ball (2001) a appelé les "politiques d'apprentissage". Selon l'auteur, des politiques publiques d'éducation similaires se répandent à travers la planète, dans le but de faire de l'éducation une grande entreprise. Dans cette entreprise, il incombe à l'école de veiller à ce que le programme d'études prédéterminé soit suivi afin de pouvoir être évalué par la suite, en bref, d'obtenir un produit final mesuré par les résultats de l'évaluation. Dans ce processus, les investisseurs, des entreprises privées qui s'associent à des organismes publics, réalisent leurs profits de différentes manières : *formation des* enseignants, production et fabrication de matériel pédagogique, production et fabrication d'évaluations externes, entre autres.

<u>Question 1 : Comment le matériel pédagogique est-il acheté pour les cours d'éducation physique ? Existe-t-il un budget à cet effet ?</u>

Ma question visait à savoir s'il existe un financement spécifique pour l'achat de matériel d'éducation physique, sachant combien il est difficile pour les enseignants de cette région de trouver du matériel (ballons, cordes, etc.) pour dispenser leurs cours.

En ce qui concerne ce financement spécifique, le directeur de l'école a déclaré qu'il existe, mais qu'il ne l'a pas reçu depuis 2014, un fait qui, selon lui, n'empêcherait pas l'école d'acheter des équipements sportifs pour les cours d'éducation physique. Cependant, ce qui est frappant, c'est le rapport d'une pratique courante dans les écoles publiques de la municipalité et de l'État de Rio de Janeiro, à savoir le partage de matériel destiné à un projet spécifique -Projeto Segundo Tempo- qui est également utilisé dans les cours d'éducation physique réguliers dans les unités scolaires. Je dis cela sur la base de mes années d'expérience en tant qu'enseignant dans les écoles publiques de la région. Je dis qu'il s'agit d'une pratique courante qui sert de solution temporaire à toute pénurie de matériel dans les cours d'éducation physique.

J'ai déjà soutenu que ce projet fédéral est un *pis-aller*, soulignant la question du "désinvestissement pédagogique" dans ce type de pratique, et j'ajouterai que le projet Second Time est sans doute un exemple de marché passé entre le secteur public et le secteur privé par le biais de la politique publique de l'éducation. Il est le résultat d'une tendance globale, les "learning policies" (BALL, 2001), qui cherche à exploiter le nouveau marché de l'éducation publique, en apportant des *solutions* basées sur l'*efficacité du* monde de l'entreprise. Dans ce cas, il y a beaucoup de profit à faire en vendant des produits sportifs, mais sans se préoccuper de l'aspect éducatif. En d'autres termes, il vaut mieux que cette stratégie politique soit consolidée et *mise en œuvre au* nom de la *qualité de l'éducation,* mais peu importe comment le projet est développé et où, et il se déroule souvent dans des espaces précaires - comme la *cour de l'*école "Oasis". À mon avis, il s'agit d'un gaspillage manifeste de fonds publics dans le but de favoriser les grandes entreprises dans des jeux de pouvoir impliquant la politique.

<u>Question 2 : J'ai remarqué qu'il existe une formation pour les enseignants qui travaillent avec l'EJA, y compris des plateformes *en ligne*, des chats pour discuter des thèmes des différents sujets. Pourriez-vous nous en parler ?</u>

Cette question visait à étudier la *formation des* professeurs d'éducation physique dans le système scolaire public pour l'enseignement aux jeunes et aux adultes. La directrice nous a informés que tous les enseignants, dans le cas d'une unité scolaire axée uniquement sur l'EJA, avaient suivi un cours de perfectionnement et avaient reçu des conseils - y compris des plates-formes numériques d'apprentissage à distance - sur la manière de travailler avec ce public spécifique. Elle a également indiqué que le cours de formation était toujours actif pour les enseignants qui commençaient à travailler avec l'EJA.

J'ai déjà mentionné le soin que nous (les enseignants) devons apporter à la *formation*. Il est intéressant d'échanger des expériences pédagogiques, de réfléchir à l'acte éducatif, mais nous essayons d'orienter le travail des enseignants sur une seule voie : CCM. Enfin, comme je l'ai déjà souligné, on ne peut pas comprendre quelque chose qui est donné comme une vérité, il faut aussi faire de la "déconstruction". J'ajouterai que les cours de formation et la mise en œuvre de ces plateformes numériques sont un autre exemple de l'entrée de l'*éducation d'entreprise,* du secteur privé, dans l'éducation publique, les *paquets de services* étant vendus aux départements de l'éducation des différents États du pays.

<u>Question 3 : Les élèves/enseignants reçoivent-ils du matériel pédagogique, des documents ou des livres, lorsqu'ils commencent les cours d'éducation physique ?</u>

L'objectif de cette question était d'étudier la production et la réception du matériel pédagogique de l'EJA par les élèves et les enseignants, afin de voir quelles ressources pédagogiques les enseignants du PE avaient à leur disposition pour leurs interventions éducatives. Les réponses m'ont permis de constater que la production et la distribution du matériel pédagogique dépendaient des conditions financières de l'État de Rio de Janeiro. En 2013, au cours des premières années du Projeto Nova EJA (^{5}) et alors que les finances de l'État étaient encore équilibrées, du matériel pédagogique a été produit et distribué à grande échelle aux enseignants et aux élèves. Cependant, avec les changements politiques et financiers dans l'État et au Brésil, le matériel pédagogique a progressivement cessé d'être produit et distribué aux étudiants et aux enseignants. Aujourd'hui, seuls les enseignants disposent du matériel pédagogique qu'ils ont reçu les années précédentes.

Bref, une démonstration claire de la manière dont l'économie et l'équilibre financier des États et de la fédération interfèrent directement dans les politiques publiques d'éducation, ce qui fragilise les gouvernements étatiques/fédéraux dans leurs tentatives de contrôle de l'éducation nationale et, d'une certaine manière, entrave la consolidation du discours du PPREF au sein de l'école en ce qui concerne l'EP. Cela rend également impossible la perpétuation de l'activité lucrative des partenariats public-privé dans la production et la fabrication de matériel pédagogique destiné, en l'occurrence, à l'EJA.

Question 4 : Existe-t-il des lignes directrices spécifiques pour le programme d'études de l'EJA que les enseignants devraient suivre dans leur planification ?

Mon intention, avec cette question, était de savoir si le département de l'éducation de l'État donnait des directives spécifiques en matière de programmes scolaires pour l'EJA. Lors de mes recherches dans les médias avant l'entretien, je n'avais pas trouvé de lignes directrices pour le programme de l'EJA, comme c'est le cas dans l'enseignement secondaire ordinaire, où, par exemple, lorsque l'enseignant affiche une note sur le système - le site Web du département de l'éducation - il ou elle

---

[5] C'est le nom -Nova EJA- donné au projet qui s'est déroulé en 2013 et qui visait à *revitaliser* l'éducation des jeunes et des adultes dans l'État de Rio de Janeiro, grâce à la formation professionnelle, à de nouveaux matériels pédagogiques et à d'autres stratégies.

doit également confirmer que les lignes directrices du programme établies pour ce bimestre ont été *appliquées.*

À ma grande surprise, le chef d'établissement m'a confirmé que de telles lignes directrices existaient et qu'elles étaient disponibles à la fois sur le *site web* créé par l'école et sur le *site web du* SEEDUC. *En* cherchant à nouveau sur Internet, je me suis rendu compte que le directeur ne faisait pas référence à un document officiel du Secrétariat intitulé Orientações Curriculares para EJA (Lignes directrices du programme scolaire pour l'EJA), mais plutôt à la disponibilité, via les médias, de matériel pédagogique préparé pour ce segment, ainsi qu'à l'accès à diverses leçons vidéo préparées pour chaque matière scolaire. Il s'agit sans aucun doute d'une source d'information intéressante qui peut aider les enseignants à planifier leurs cours. Il s'agit d'un autre canal promu par le gouvernement, que je considère comme positif pour la croissance et le développement des enseignants dans le domaine de l'éducation des jeunes et des adultes, à condition qu'ils ne se limitent pas à transmettre les informations qu'on leur donne.

<u>Question 5 : La direction exerce-t-elle une pression pour planifier les cours d'éducation physique et de sport ?</u>

L'objectif de cette question était de connaître le degré de contrôle de la direction de l'école sur la planification/le programme de ses professeurs d'éducation physique. Ce qui m'a vraiment frappé, c'est que la planification de chaque enseignant était liée au Projet Politique Pédagogique de l'école, ce qui, à mon avis, signifie que le programme scolaire n'est pas limité aux connaissances nécessaires pour les examens externes, qu'il s'ouvre à d'autres connaissances non formelles et qu'il offre la possibilité de créer un *programme ouvert,* sans qu'il soit question d'une liste de contenus à développer en classe, mais quelque chose qui peut être créé et recréé à tout moment, sur une base quotidienne, également en partenariat avec les élèves, à l'école.

Je suis d'accord avec Macedo, E. (2006, p.288) lorsqu'il dit que le curriculum est un espace-temps, qu'il se situe entre deux lieux, dans lequel différents sujets interagissent, apportant avec eux leurs "diverses appartenances", et que cette interaction est un processus culturel qui se déroule dans un lieu-temps scolaire. J'insiste donc sur le fait que le curriculum ne peut pas être compris comme une liste (qui fixe des limites) de connaissances prédéterminées par une tradition hégémonique dominante qui naturalise et fixe les significations.

> Je considère les programmes scolaires comme un espace-temps frontalier et, par conséquent, comme[6] des hybrides culturels, c'est-à-dire comme des pratiques ambivalentes qui incluent le même et l'autre dans un jeu où ni la victoire ni la défaite ne seront jamais complètes. Je les vois comme un espace-temps où se mêlent les discours de la science, de la nation, du marché, du "savoir commun", de la religiosité et tant d'autres, tous également hybrides dans leur propre constitution. (MACEDO, E., 2006, p.289)

En considérant le curriculum comme une tentative de contrôler les actions pédagogiques des enseignants, je crois que les enseignants d'EP, dans ce sens, plus que les enseignants d'autres matières, avec un *statut* scolaire plus important et la cible d'évaluations systématiques fréquentes, peuvent rendre viable le *curriculum ouvert dont je traite dans ce* livre, en bref, utiliser leur liberté d'action pédagogique pour créer des curriculums sans attaches, ne pas s'en tenir au contenu fourni par le manuel traditionnel dans la classe, profiter de l'isolement (l'EP se déroule souvent dans des espaces, des cours, *séparés* du noyau scolaire) et de cette liberté pour être ceux qui favorisent, principalement par l'esthétique, le désir d'être à l'école, le plaisir d'appartenir à l'école et non pas le "désinvestissement pédagogique" que les auteurs du PPREF traitent.

---

[6] L'auteur se réfère à des concepts d'auteurs post-coloniaux tels que Garcia Canclini. Dans Canclini (1989), l'auteur s'oppose à l'imposition culturelle promue par le discours moderne, en se référant à l'inévitable hybridité culturelle et à son expansion par le biais de "genres impurs".

CHAPITRE 6 : CONSIDÉRATIONS FINALES
À la recherche d'une école Éducation physique/Éducation des jeunes et de la jeunesse
Adultes forts

J'aimerais clore les discussions de ce livre en abordant la difficile tâche d'éduquer et son imprévisibilité. Pour ce faire, j'aimerais mettre en avant Lopes et Borges (2015) qui, dans un article intitulé : " La formation des enseignants : Un projet impossible ", en utilisant la psychanalyse - citant Freud (2006, p.491) - affirment que la profession d'éducateur, ainsi que celle de psychanalyste, est impossible. Ils soulignent que cette impossibilité "est liée à l'acceptation que ces professions nous conduisent nécessairement à des résultats imparfaits ; elles sont toujours associées à une idée d'échec"

Je suis d'accord avec les auteurs et je comprends que l'éducation ne suit pas, et ne peut pas suivre, une logique simpliste du type : le professeur, ou plutôt l'instructeur, enseigne et les élèves apprennent. Cette logique simpliste fait inévitablement porter la responsabilité de l'échec scolaire aux enseignants qui, dans leur incompétence, n'appliquent pas correctement la *méthode magique* d'enseignement-apprentissage. En tant qu'éducateurs, nous devons remettre en question et déconstruire tout discours fondé sur les traces de la rationalité et visant à définir, comme si c'était possible, les comportements souhaitables des élèves.

Ainsi, à partir de cette rationalité simpliste, je souligne à nouveau la compréhension de Ball de l'éducation comme une entreprise (1998, 2001, 2004), dans laquelle la performativité, exigeant la production et les résultats (bonnes notes dans les évaluations scolaires externes), freine le nécessaire curriculum " *currere* " (PINAR, 2016), qui cherche, dans l'univers hétérogène de la salle de classe, à respecter les différences et à promouvoir démocratiquement le dialogue entre les participants à l'acte éducatif. Comme je l'ai dit tout au long de ce livre, il est nécessaire de résister à ces tentatives de fixations discursives qui ne permettent pas la pluralité de l'acte éducatif et qui cherchent à l'orienter vers un chemin unique qui peut être contrôlé et mesuré. Je réitère ma défense de la possibilité pour les enseignants de prendre des décisions, d'avoir l'autonomie, basée sur la connaissance et non sur la connaissance superficielle, de gérer leurs actions et de se permettre, avec les étudiants, de créer et d'expérimenter.

Ainsi, en ramenant les discussions au domaine de l'EP et en défendant la pluralité, je suis d'accord avec les auteurs du PPREF pour dire que la représentation de ce qu'est l'EP est bien en deçà de ce qu'elle est réellement et du rôle qu'elle peut jouer. Je comprends, comme eux, que souvent, - surtout dans l'enseignement secondaire - ne pas contextualiser les actions proposées comme des connaissances à apprendre formellement, avec une base théorique, c'est, pour reprendre les termes de Silva et Bracht (2012, p.82), exercer une pratique pédagogique de " désinvestissement ", et être " l'enseignant qui roule la bosse ", un simple " administrateur de matériel didactique ".

Cependant, je comprends également que les *excès pédagogiques* - le grand nombre de propositions en classe qui ne donnent pas la priorité à l'éducation par le "langage du goût" (LOVISOLO, 1997) ; la pédagogisation du sport, en l'*adaptant* à l'environnement scolaire ; ainsi que la naturalisation, en particulier dans le cas de l'EJA, qui détermine le contenu socialement utile comme la seule option pour l'action pédagogique, limitent le travail d'enseignement des professeurs d'EP. Il est également très important de dire que nous (les professeurs d'EPS) devons lutter contre ces *excès*, afin que l'éducation physique ne perde pas sa caractéristique la plus marquante : LE MOUVEMENT.

Une fois de plus, j'aimerais souligner que l'éducation par l'utilité sociale et l'éducation par le goût peuvent coexister et sont complémentaires - j'aimerais souligner les différents exemples que j'ai présentés tout au long du livre, en particulier dans les discussions sur la recherche sur le terrain. Je ne pense pas qu'il soit démocratique ou pluraliste de choisir une seule façon de travailler en éducation populaire. Dans une démocratie, je crois qu'il faut valoriser les différentes manières d'éduquer, qui ajoutent du sens, des connaissances, des valeurs et évitent les binarismes - les rangoons de la modernité - qui indiquent ce qui est bien et excluent ce qui *ne* l'est *pas*. Il faut déconstruire ces binarismes, qui sont contraires à la démocratie et cherchent à figer les significations dans un discours qui se veut dominant, hégémonique, résultat d'inlassables luttes politiques pour le pouvoir.

Même si l'acte d'éduquer est une tâche impossible, comme le soulignent Lopes et Borges (2015, p.505), je suis d'accord avec eux lorsqu'ils disent qu'il est tout de même nécessaire. Selon les auteurs, avec lesquels je corrobore, s'il n'y a pas de garanties ou de certitudes sur les résultats à obtenir et sur ce qu'il faut faire, " il ne nous reste que la politique et l'action contextuelle quotidienne "

Ainsi, soutenue par les auteurs, je comprends que l'engagement de l'acte éducatif et la recherche d'une justification raisonnable des décisions prises, font que nous, enseignants d'EPS, restons dans l'action, dans le présent, au quotidien. Cette action inlassable est dans l'acte politique qu'est l'éducation, " dans chaque discours, dans chaque texte et dans chaque travail que nous faisons " (LOPES ; BORGES, 2015, p.505).

RÉFÉRENCES BIBLIOGRAPHIQUES

BALL, S. *Education reform : a critical and post-structural approach*. Buckingham : Open University Press, 1994.

. Citoyenneté mondiale, consommation et politique éducative. Dans : SILVA, Luiz Heron (Org.) SILVA, Luiz Heron (Org.) *A escola cidada no contexto da globalizagao.* Petropolis, RJ : Vozes, 1998.

. Orientations politiques mondiales et relations politiques locales dans l'éducation. *Curriculo sem fronteiras,* v.1, n.2, p.99-116, Jul/Dec, 2001.

. Réformer les écoles/réformer les enseignants et les terreurs de la performativité. *Revista Portuguesa de Educagao,* v.15, n.2, p.3-23, 2002.

. Performativity, privatization and the post-welfare state. *Educ. Soc.*, Campinas, v.25, n.89, p.1105-1126, Sep/Dec, 2004.

. Professionnalisme, managérialisme et performativité. *Caderno de Pesquisa,* v.35, n.126, p. 539-564, Sep/Dec, 2005

BRACHT, Valter. A criança que pratica esporte respeita os regras do jogo...capitalista. *Revista Brasileira de Ciencias do Esporte,* v.7, n.2, p. 62-68, 1986.

. *Éducation physique et apprentissage social*. Porto Alegre : Magister, 1997.

BRÉSIL. *Décret-loi n° 3199 du 14 avril 1941 (art. 54)*. Disponible à l'adresse suivante : <http://www.planalto.gov.br/ccivil 03/Leis/L9394.htm>. Consulté le : 20 février 2016.

. *LEI n° 9.394, de 20 dezembro de 1996.* Disponible à l'adresse suivante <http://portal.mec.gov.in/seesp/arquivos/pdf/lei9394 Idbn 1 .pdf>. Consulté le : 23 juillet 2018.

. Parecer CNE/CEB 11/2000. *Diario Oficial da Uniao de* 9/06/2000, segao 1 e, p.15. Disponible à : <http://portal.mec. gov.br/cne/arquivos/pdf/pcb11 2000.pdf>. Consulté le 23 février 2016.

BROTTO, F. *Jogos Cooperativos : se o importante e competir, o fundamental e cooperar.* Santos : Projeto Cooperagao, 1997.

. *Cooperative Games : le jeu et le sport comme exercice de coexistence.* Santos : Cooperative Project, 2001.

CANCLINI, Nestor Garcia. *Culturas hibridas : como entrar e sair da modernidade.* Rio de Janeiro : Editora UFRJ, 1989.

CASTELLANI FILHO, L. et al. *Metodologia do ensino de educagao fisica.* Sao Paulo : Cortez, 1992.

. *L'éducation physique au Brésil : The untold story.* Campinas, SP : Papirus, 2010.

CRUZ, E et al. L'*éducation des jeunes et des adultes au Brésil : politiques et pratiques.* Disponible à l'adresse suivante
à l'adresse suivante :
<http://www.educacaopublica.rj.gov.br/biblioteca/educacao/0326.html>. Consulté le : 18 février 2016.

COELHO, M. Vingt ans d'évaluation de l'éducation de base au Brésil : leçons apprises et défis. *Ensaio : aval. pol. publ. Educ.,* Rio de Janeiro, v.16, n.59, p.229-258, avr./juin, 2008.

DAOLIO, J. *Educagao fisica e o conceito de cultura.* Campinas, SP : Autores Associados, 2004.

DARIDO, S et al. L'éducation physique au lycée : réflexions et idées. *Motriz,* v.5, n.2, p. 138-145, Dec/1999.

DIAS JUNIOR, M. J. *L'éducation physique dans l'éducation des jeunes et des adultes : défis, dialogues et réflexions.* In : EDIPE - Encontro Estadual de Didatica e Pratica de Ensino, 2009, Anapolis. GO. III EDIPE - Encontro Estadual de Didatica e Pratica de Ensino, 2009.

FERRAZ, O. O desenvolvimento da nogao de regras do jogo de futebol. *Revista Paulista Educagao Fisica,* v.11, n.1, p.27-39, Jan/Jun.1997.

FONSECA, M. Politiques publiques pour la qualité de l'éducation brésilienne : entre l'utilitarisme économique et la responsabilité sociale. *Cad. Cedes,* Campinas, v.29, n.78, p.153-177, mai/août, 2009.

FREUD, Sigmund. *Œuvres psychologiques complètes de Sigmund Freud.* Rio de Janeiro : Imago, 2006. v. XXIII.

GAVA, André. L'*éducation physique pour les jeunes et les adultes : une étude ethnographique dans une école publique de la municipalité de Rio de Janeiro.* 2017, 99f Dissertation (Master en éducation) - Faculté d'éducation, Université d'État de Rio de Janeiro, Rio de Janeiro, 2017.

GHIRALDELLI JR, Paulo. *Introdugao a Educagao Escolar Brasileira : Historia ; politica e filosofia da educagao.* Sao Paulo : Cortez, 2001.

GUNTHER, M. C. C. et al. L'*éducation physique dans l'éducation des jeunes et des adultes.* In : Actes du IIe Congrès d'État de l'éducation physique à l'école : "Éducation physique à l'école : défis pour la pratique pédagogique", 16-17 mai 2013, Lajeado, RS / Derli Juliano Neuenfeldt et Silvan e Fensterseifer Isse (Orgs.) / Lajeado : Univates, 128 p., 2013.

HERMANN, N. *Etica e estetica : a relação quase esquecida.* Porto Alegre : EDIPUCRS, 2005.

LACLAU, Ernesto. *Nuevas reflexiones sobre la revolucion de nuestro tempo.* Buenos Aires : Nueva Vision, 2000.

. *Émancipation et différence.* Rio de Janeiro : Eduerj, 2011.

. *La raison populiste.* Sao Paulo : Tres Estrelas, 2013.

LACLAU, Ernesto ; MOUFFE, Chantal. *Hégémonie et stratégie socialiste : vers une politique démocratique radicale.* Grande-Bretagne : British Library, 2001.

LOPES, A. C. Discursos na política de curriculo. *Curriculo sem fronteiras,* v.6, n.2, p. 33-52, Jul/Dec 2006.

LOPES, A. C. ; BORGES, V. La formation des enseignants, un projet impossible. *Caderno de pesquisa,* v.45, n.157, p. 486-507, juil./sept. 2015.

LOVISOLO, H. *Estetica, esporte e educagao fisica ensaios.* Rio de Janeiro : Sprint, 1997.

MACEDO, E. Curriculo como espago-tempo de fronteira cultural. *Revista Brasileira de Educagao,* v.11, n.32, p. 285-296, mai/août 2006.

MACEDO, F. *A história dos outros na minha história ; memorias e relatos de pessoas que fazem do esporte um espago de aprendizagem e oportunidades.* 2008, 237f Dissertation (Master en éducation) - Faculté d'éducation, Université de l'État de Rio de Janeiro, Rio de Janeiro, 2008.

. *Sport et curriculum.* 2014. 138 f. Thèse (Doctorat en éducation) - Faculté d'éducation, Université d'État de Rio de Janeiro, Rio de Janeiro, 2014.

MAINARDES, J. ; MARCONDES, M. I. Entretien avec Stephen J. Ball : un dialogue sur la justice sociale, la recherche et la politique éducative. *Educ. Soc.,* Campinas, v. 30, n.
106, p.303-318, avril 2009. Disponible à l'adresse :
<http://www.scielo.br/scielo.php?script=sci_arttext&pid=S010173302009000100015&lng=en&nrm=iso>. Consulté le : 09jun. 2014.

MARCONATO, C et al. *L'importance de l'éducation physique dans l'éducation des jeunes et des adultes/l'école secondaire.* In : Actes du VIIe Congrès sud-brésilien des sciences du sport, 2014. Disponible à l'adresse suivante :
<http://cbce.tempsie.ws/congressos/index.php/7csbce/2014/index>. Consulté le : 21 février 2016.

MATHEUS, D. ; LOPES, A. Meanings of quality in curriculum policy (20032012). *Educagao & Realidade,* Porto Alegre, v.39, n.2, p.337-357, Apr/Jun, 2014.

MAZZOTTI, T. B. ; PEREIRA, G. M. *Représentations sociales de l'éducation physique chez les élèves des écoles du soir.* Rio Claro : Motriz, 2008.

MENESES, R. La déconstruction chez Jacques Derrida : ce qui est et ce qui n'est pas à travers la stratégie. *Universitas Philosophica 60,* Bogota, Colombie, année 30, p.177-204, Jan/Jun, 2013.

O GLOBO. Memoria. Texte sur l'origine et le développement des Jeux intercollégiaux de Rio de Janeiro. Disponible à l'adresse suivante : <http//www. memoria.oglobo.globo .com/institucional/promogoes/intercolegial_92618 96>. Consulté le : 12 juin 2018.

OJEDA, T. *Relations entre le corps, le travail et l'éducation physique dans l'éducation des jeunes et des adultes.* Travail de fin d'études - Cours d'éducation physique. UFSM, Santa Maria, 2011.

OLIVEIRA, V. *O que e educagao fisica.* Sao Paulo : Brasiliense, 2004.

OLIVEIRA, R. ; ARAUJO, G. La qualité de l'éducation : une nouvelle dimension dans la lutte pour le droit à l'éducation. *Revista Brasileira de Educação,* n.28, p.5-23, Jan/Apr, 2005.

PALMA, A. Physical activity, the health-disease process and socio-economic conditions : a literature review. *Revista Paulista de Educagao Fisica*, v.14, n.1, p.97-106, 2000.

PALMA, A. ; ASSIS, M. ; V1LACA, M. ; ALMEIDA, M. N. The 'weights' of being obese : fascist traces in contemporary health ideology. *Movimento,* v.18, n.4, p.99-119, 2012.

POLICIA MILITAR DE SAO PAULO. École d'éducation physique militaire Police militaire de l'État de Sao Paulo. Présente un texte sur l'école nationale d'éducation physique pionnière. Disponible à l'adresse suivante :

<http//www.policiamilitar.sp.gov.br/unidades/eef/hist6rico.html>. Consulté le : 20 juin 2018.

PINAR, W. *Curricular studies : selected essays*. Sao Paulo : Cortez, 2016.

REIS, J. A.P. *The life trajectories of student-workers in youth and adult education : the meanings of physical education.* Une étude dans une école municipale de Porto Alegre. 2011. 216 fl. Mémoire (Master en Sciences du Mouvement Humain) - UFRGS, Porto Alegre, 2011.

RIO DE JANEIRO, (État). Département de l'éducation de l'État. *Matériel Nova EJA - Module 3- Éducation physique.* Rio de Janeiro, 2013, 101p.

SAVIANI, Demerval. L'*éducation : du sens commun à la conscience philosophique*. Sao Paulo : Cortez, 1982.

SILVA, M.S. ; BRACHT, V. Sur la piste des pratiques innovantes et des enseignants en éducation physique scolaire. *Revista Kinesis.* V.30, n.1, p. 80-94, 2012. Disponible à l'adresse : <http : //cascavel .cpd.ufsm.br/revistas/oj s-2.2.2/index.php/kinesis/article/view/5718/3394>. Consulté le : 22 Feb. 2016.

SOARES, Carmem Lucia. *L'éducation physique : Les racines européennes et le Brésil.* Campinas, SP : Autores Associados, 2004.

TANI, Go et al. L'*éducation physique à l'école : fondements d'une approche développementale*. Sao Paulo : EPU/Edusp, 1988.

TOSTA, S.P. ; MOREIRA, H. ; BUENICONTRO, R. *The use of ethnography in educational research.* In : 26ª Reuniao Brasileira de Antropologia, 2008, Porto Seguro. BA.

Printed by Books on Demand GmbH, Norderstedt / Germany